アメリカ海軍に学ぶ「最強のチーム」のつくり方

マイケル・アブラショフ
吉越浩一郎　訳・解説

三笠書房

This edition published by arrangement with
Grand Central Publishing, New York, New York, USA
through Japan UNI Agency, Inc., Tokyo.

訳者のことば

❍これは、心を揺さぶる「一〇〇万ドルのテキスト」だ

わずか6カ月で大逆転!

「人の心のつかみ方」「チームワークの活かし方」

吉越浩一郎

「あの人の言うことなら、なぜか素直にしたがうことができる」

そんな人が身のまわりに一人や二人いないだろうか。誰もが知りたい、彼らの魅力の秘密がわかるのがこの本である。

本書では、著者が「海軍で一番下のダメ軍艦」とレッテルを貼られていた艦に新任

艦長として乗り込み、同じスタッフ構成のままでありながら、短期間で「全米一」と評価されるほど優秀な艦に立て直した方法が語られている。

その秘訣《ひけつ》は、艦で働く人々の心を理解し、尊重し、彼らとの絶対の信頼関係を構築したことにあった。

本書では、トップの実践した効果抜群のリーダーシップと、問題発見の視点が、具体的な事例でまとめられている。

一つ具体例を紹介すると、著者・アブラショフは艦長室で報告を待っているのではなく、積極的に艦内を歩きまわって意見を吸い上げる。

これは簡単なようであって、現実にはなかなかできることではない。昼食時に行列ができていれば、みなと同じようにその最後尾に並び、同じテーブルで食べる。

それまでの上司たちが、自分たちだけで集まって食事をしていたのとは大違いだ。

この結果、現場の実情を知り、現場で働く人たちの考えを正確に把握して、適切な指示を出せるようになる。

これは、経営論で言うところの「ＭＢＷＡ」（マネージメント・バイ・ウォーキング・アラウンド＝経営者が現場を歩きまわること）の最もわかりやすい例であると同時に、「人の心をつかむ」という視点からも極めて重要な意味を持っている。

この他にも、**「仕事の『ゴール』は示すが、『やり方』は部下に任せる」「提案に対するフィードバックは即座に、オープンにする」**など、人の心を動かし、やる気にさせるための原則が目白押し。

しかもその方法はユニークで、私自身「こんな手があったのか！」と思わず膝を打つことばかりだった。

本書は、**あなた自身が主人公である艦長となって考え、行動していくように読めばより効果的**だ。

それだけで仕事上の問題点の見つけ方、解決法、信頼できるチームのつくり方をはじめ、ビジネスの総合能力が身についてしまう、すべての企業人にとっての貴重なマニュアルである。

あるときは厳しい上司であり、あるときは腹を割って話せる同僚であり、あるときは思いがけない提案をして上司の目を見張らせる――自分一人だけが評価されるのではなく、組織やチーム全体が驚くほどの力を発揮して大きな成果につながる。

閉塞感が漂う現代の社会を変えていくためにも、参考にできる教訓が詰まった本書。読者のみなさんがここから何かを学び、行動を起こすことにつながるのなら、訳者としてこれほどうれしいことはない。

◎もくじ

1

IT'S YOUR SHIP

「硬直した組織」に、ガツンと変化を起こす

2
IT'S YOUR SHIP
部下を迷わせない、確たる「一貫性」

3
IT'S YOUR SHIP
「やる気」を巧みに引き出す法

4
IT'S YOUR SHIP
明確な「使命《ミッション》」を共有せよ

5
IT'S YOUR SHIP
チームで「負け組」を出さない！

6

IT'S YOUR SHIP

なぜ「この結果か」をよく考える

ここいちばんでの「電話1本」が効く 162
誰もが〝役に立てる〟チームづくり 165
〝懸命に〟働くな、〝賢明に〟働け！ 168
がんじがらめの規則を、逆に貪欲に利用する 174
海軍大将も驚いた「大胆な決断」 177

9

IT'S YOUR SHIP

あなたはまだ、部下をほめ足りない！

10

IT'S YOUR SHIP

「頭を使って遊べる」人材を育てよ

11

IT'S YOUR SHIP

永遠に語り継がれる「最強のチームワーク」

訳者解説

IT'S YOUR SHIP
BY MICHAEL ABRASHOFF

1

「硬直した組織」に、ガツンと変化を起こす

出航の日――「行きづまった組織」をどう変えるか

新しい環境に飛び込むときは、いつでも期待と不安が交差するものだ。それがリーダーという立場であれば、なおさらである。

自分がこれから取り組む仕事の難しさを実感したのは、誘導ミサイル駆逐艦ベンフォルドの指揮官としての初日のことだった。

その日は、前任の艦長の退任式という式典からスタートする。去っていく艦長の業績などについてのスピーチが行なわれ、その場はしんみりと別れの挨拶が続く。やがて、その艦長は家族に伴われて艦をあとにした――。

この光景を見ていて、私は愕然《がくぜん》とした。彼が去っていくのを見つめる約三〇〇人の乗組員たちに、惜別《せきべつ》の情など微塵《みじん》も感じられなかったのである。それどころか、むしろせいせいした、というような顔つきにも見えた。

これを見て私がまず思ったのは、自分自身のことだった。「自分が艦を去るとき、はたして部下たちはどんな気持ちで私を見送るだろうか……」と。

私が引き継いだのは、上司への信頼感が持てず、この場所にいることに苛立《いらだ》っている、不機嫌な部下たちだったのである。

ベンフォルドは最新の設備をそなえた艦だったが、人員がこの様子では、本来の性能を活かしきれるわけがなかった。この艦が成績を上げられずにいた理由も明白だ。

「艦長など時代遅れの古くさい権威……そういう理由だけで、部下は新しい上司の私のことを嫌うかもしれない。しかし、それはそれでかまわない。重要なのは、仕事で結果を出し、尊敬され、信頼されることだ――」

道のりは遠くとも、自分が本当の意味でこの艦の指揮官になるまでベストを尽そうと誓った。

組織の指揮をとるにあたり、私の立てた方針は、じつにシンプルだった。それは、**「部下の身になって、何がいちばん大事かを考えてみる」**ということだ。

しかし、このシンプルな方針こそ、上司として成功するためには必要不可欠なものだと私は確信していた。

現代の仕事は多様化している。有能な人間は、自分にふさわしいと思える仕事を求めて、次々と職場を移っている。これは米海軍という職場であっても例外ではない。ベンフォルドからも、毎年、多くの優秀な人材が離れていっていた。

私はまず、この現状をどうにかしたいと考え、原因を分析することから着手した。そのために、すでに退職した者に話を聞いてまわるなど、いくつかの調査を行なった。

私は、彼らが艦を離れていく第一の理由は、給料が安いせいだろうと思っていたのだが、驚いたことに、実際にはそれは五番目の理由だった。

第一の理由は**「上司から大切に扱ってもらえないこと」**だったのである。

第二は「積極的な行動を抑え込まれること」。

第三は「意見に耳を貸してもらえないこと」。

第四は「責任範囲を拡大してもらえないこと」であった。

さらに調べてみると、意外なことがわかってきた。じつは、一般のビジネス界でも、社員が会社を辞めていく理由のうち、給料への不満は五番目だったのだ。また、上位四つの理由についても、艦における理由とほとんど同じだったのである。われわれ上司たちがみな、同じあやまちを犯しているという結論には変わりがない。

しかし、これは私にとって朗報でもあった。なぜなら、優秀な乗組員が艦を離れていくのに歯止めをかけるために、艦長は、昇給やストック・オプションを与えることはできないが、これは彼らにとってはしょせん〝五番目の問題〟であり、上位四つの問題に取り組むことなら可能だと思ったからだ。

この「ひと言」で部下が大きく変わった

チャンスは、一度逃したらなかなか取り戻せない。私は艦の指揮をとるという、最高にやりがいがある仕事を任せられたチャンスをふいにしたくなかった。

「艦長」という地位に就《つ》いたのは初めてだった。そのため最初は何をやるのにも不安を感じた。自分が正しいことをしているのかどうか、絶えず自問しなければならなかった。軍隊におけるリーダーのミスは、多くの部下を直接、死に至らしめることになる。私が「したこと」や「できなかったこと」のせいで、彼らの親に「あなた方の息子や娘はもう二度と家に戻りません」という手紙を書かなければならなくなってしまう。これは心が引き裂かれるような作業だ。

最先端のテクノロジーが装備されたベンフォルドのシステムは、信じられないくらい複雑である。消化し、処理し、実行に移すべき情報が大量に生じ、ときにはわずか数秒ですべてを解決しなければならないこともある。

したがって、一人の人間があらゆることを掌握《しょうあく》し続けることはできない。部下からより多くの能力を引き出し、彼らに責任を持つように求めることが必要になる。これはビジネスでも同じだ。

私に要求されているのは、突発する問題に対し、的確な状況判断を下し、仕事を進めていくこと、そのために部下の能力を最大限に引き出すことであった。

すぐれたリーダーシップを発揮するには、自分のプライドよりもチームの実績を優先させなければならないのだが、それができないリーダーは多い。

厳しく管理することは、部下の才能や技能を引き出す最良の方法とは言えない。むしろ、**束縛をゆるめればゆるめただけ、すぐれた結果が出る**のだと私は確信している。

初めのうち、部下たちは物事を行なう際に必ず私の許可を求めてきたが、私は部下にこう言い続けた。

「きみたち一人ひとりが艦長だ。自分の担当する仕事においては、きみたちが艦の責任を負っているのだ。自分で決断をくだしてみろ」

こうして、私の職場のモットーは**「きみが艦長だ」**になった。

このごくシンプルなやり方で、私は部下たちの信頼をつかみ、秘められていた熱意と才能を引き出し、ベンフォルドを〝米国艦隊最高の艦〟と呼ばれるまでに育てあげていった。

決して大げさに自慢しているわけではない。数字と事実がそれを証明している。

まず、収支面での成果だ。組織を率いる者はすべて、収支をプラスにすることが求められる。軍隊という組織も例外ではない。

私が就任してからの一年間、リストラなどをいっさい行なわずに、われわれは前年の予算の七五パーセントですべての任務を遂行した。

これは、私が「経費削減」の号令を発したわけではなく、部下たちが今までのやり方にとらわれることなく、合理的で、よりよい方法を考え出したためだった。

たとえば、戦艦という巨大なシステムには、さまざまな装備機器の故障がつきものだが、われわれはその装備故障を、前年の七五パーセントから二四パーセントにまで減少させた。

その結果、艦の整備費として用意されていた予算二四〇万ドル（約二億四〇〇〇万円）のうちの六〇万ドル（約六〇〇〇万円）、修理費の予算三〇〇万ドル（約三億円）のうちの八〇万ドル（約八〇〇〇万円）を余らせ、そして、その減少した額のさらに一〇パーセントを節約したのだ。

もちろん、金銭の面だけではない。一般のビジネスなら会社の成績にあたる、艦の「戦闘力」においても、画期的な成果を上げたのである。

戦艦の優秀さを証明する目安に、敵の動きや周囲の状況にいかに素早く反応できるかを示す「戦闘即応性指数」というものがあるが、その数値は短期間で急激に上昇した。砲撃訓練においても、太平洋艦隊で史上最高の得点を上げた。

その結果、ペルシャ湾で海軍が重大な作戦にあたった一〇〇日間、われわれは現地に集まった艦の中で、最も重要で過酷な任務を任されるまでになったのだ。

やる気を引き出すたった「1枚の紙」

ただし、ここに至るまでには、大きな問題があった。

先にも述べたように、私がこの艦に着任したとき、海軍全体の人員の定着率はおぞましいものだったのである。海軍には二〇年間勤め上げれば給付金がたっぷりともらえる制度があるのだが、それを目標にする者などほとんどいなかった。

ベンフォルドもじつにひどい定着率——たったの二八パーセント——だった。一〇年もたずに四人のうち三人は辞めてしまう計算だ。海軍がこれから必要とする乗組員や優秀な専門家を育てていくつもりなら、そうした人々を手放してはいけないはずだった。

私のやり方が、ベンフォルドの定着率にどんな影響をおよぼしたか。それは私自身、手応えを感じてはいたが、実際にデータを見て驚いた。数字は嘘をつかない。

艦の最も重要な二つの部門における定着率は、二八パーセントから一〇〇パーセントに跳ね上がったのだ！

もともといた乗組員たちは、任期の区切りがきても全員が再入隊した。もし彼らの代わりの人間を補充しなければならないとしたら、新しい入隊者の訓練に一人あたり約一〇万ドル（約一〇〇〇万円）もの費用がかかることになる。一般企業においても、このように有能な社員を保持することは計りしれない価値となるのだ。

どんなに最新の装備を持ち合わせていても、艦の運命を左右するのは「人」だ。私は、この「人」の問題には敏感にならざるを得なかった。

最初、この艦の指揮官に就いたとき、部下たちは、誰も一人で何事かの決定をくだす判断力がないことに気づいた。部下たちに自分で考え、判断する訓練をさせる必要があった。権限を与えるということは、その人の判断が影響を与える範囲を明確に定めた上で、彼らを「解放」し、自由にすることだ。

だが、自由とはどのくらいの自由なのか？　どのくらいが限度なのか？

私は、その結果が誰かを死の危険にさらしたり、税金を無駄にしたり、艦に損傷を与えたりする可能性がある場合を除き、許せる範囲内で部下たちに決定権を与えた。

そうすれば、たとえその決定が間違っていたとしても、彼らはあやまちから必ず何かを学ぶはずだと考えたのである。

定着率のアップは、一つの形となって表われた。われわれは並外れた「昇進率」を達成したのである。海軍における昇進は、共通の試験によって決定される。

私が指揮官に着任したとき、この艦の部下の昇進率は海軍の平均以下だった。しかし、翌年に昇進した部下は八六人。その昇進率は、海軍平均の二倍になったのである。彼らは、昇進すればより大きな仕事ができることへの意欲に燃えて、勉学に励んだ。

そして、私が指揮をとり始めて七カ月後――ベンフォルドは、太平洋艦隊で最も機動性の高い艦に与えられる名誉ある賞を獲得した。

その賞が発表されてまもなく、私の上司である提督がメールで祝辞を送ってきた。しかし、そのメールの中で提督は「うぬぼれてはならない」と警告してきた。提督の艦も同様の賞を得ただけでなく、砲撃演習において海軍史上最高記録である一〇三・六点（一〇五点満点）を達成していたことをあげて、「私の砲撃の記録を打ち破るまで、ベンフォルドの自慢話は聞きたくない」と記されていた。

その二週間後に、われわれは砲撃演習に参加することになっていた。私は部下たちにあえて何も言わず、その代わり、提督からのそのEメールを砲架《ほうか》に貼りつけておいた。そうして奮起した彼らは、一〇五点満点中、一〇四・四点を上げ、提督の最高記録を塗り替えたのである。

私は彼らに提督への返答を書かせてやった。その内容は読まなかったが、彼らはたっぷりと自慢したはずだ。

私の仕事は、部下が自分の可能性を最大限に発揮できるような環境をつくり出すことだけだった。適切な環境さえつくれば、団結した組織が成し遂げられるものに限界などない。

「もっとよいやり方はないか?」

じつのところ、私が求めた部下にはモデルがあった。それは艦の名前の由来ともなっている、海軍病院の衛生下士官であったエドワード・C・ベンフォルドである。

彼は朝鮮戦争に従軍し、自らの命と引き換えに負傷していた仲間を助けた人物だ。

私は部下全員に、エドワード・ベンフォルドのように勇気と責任感をもって仕事をしてほしいと思っていた。そして、「ベンフォルドを太平洋艦隊で最もすぐれた艦にする」という共通の目標に、携わらせたいと考えた。

そのために私は、**「何をするにも必ずもっとよい方法があると考えよ」**と呼びかけることにした。各部門における技術的な熟練度は、上司である私より現場の部下のほうが高いという前提をはっきりさせ、つねに部下に**「きみがしている仕事に、もっとよいやり方はないか？」**と聞いてまわったのである。すると、思いもしなかった画期的な回答が出ることもしばしばであった。

また、楽しんで仕事をすることが重要だということは、軍隊においても例外ではないため、部下にはさまざまな提案をしてもらった。

たとえば、アメリカ西海岸の最南端にある母港サンディエゴの基地では、決められた海軍の糧食だけではなく、艦の食費予算内で、より安くておいしいブランドの食品を選んで買うことにした。艦の上でコンサートやバーベキューパーティも開いた。

ちょっとした意思表示が大きな成果をもたらすのは明らかで、この〝小さな改革〟によって、部下たちは進んで「楽しむため」の提案をするようになった。

そして私は、**どんな小さな提案であっても、いいアイデアは惜しみなくほめ、その提案者の〝実績〟として高く評価した。**

しかし、改革は楽しくできるものばかりではない。たとえば、サンディエゴから太平洋、インド洋をわたってペルシャ湾に向かったときのことだ。われわれの最初の寄港地はハワイのホノルルだった。

ベンフォルドは、私よりも先任の艦長が率いる二隻の艦と同行していた。うち一隻の艦長が、今回の行動の指揮をとる提督である。

ホノルルに向かう東太平洋の七日間の航海の中で、われわれはさまざまな演習や訓練を行なった。六日目には、敵に見せかけたアメリカの潜水艦を探知して回避する、というシミュレーションをすることになっていた。私は、潜水艦の探知を担当する水測員と、証人を務めさせる士官を私の部屋に呼んで、こう命じた。

「潜水艦の連中がまったく予期しなかったようなアイデアを考えて、敵の鼻を明かしてやろうじゃないか」

私は彼らに、潜水艦の指揮官の立場になって、自分なら何を考えどう動くかを予測するように指示し、その予測を裏切る方法はないか自由に提案させた。すると驚いたことに、彼らはそれまで私も考えたことがなかったような独創的な戦術を考えだしたのである。

きわめて機密度の高い戦略の話なので、彼らの計画の詳細はここでは省く。ところが、この革新的な案を私が提督に提案すると、はねつけられたのである。

結局、提督が決めたのは、海軍が第二次世界大戦以来用いている「いつもの戦法」だった。当時と比べて環境は大きく変化しているというのに！

その決定を聞いて、私はカッとなった。艦と艦を結ぶ無線で、ほとんど無礼といってよいくらいに提督と激しく口論した。

この無線は本来、機密通信用ではあるが、ボタン一つで部下たちも聞けるようになっている。部下たちは、みな耳を傾けていた。そして、私が何とか旧来の古い枠をぶち壊してやろうと、上司に抗議しているのを聞いていた。

「だめだ！」――残念ながら、勝ったのは伝統と時代遅れの慣例だった。

だが、部下たちは、負けはしたが自分たちのために戦った私を支持してくれた。

「自分たちの提案を大事にしてくれる上司」に対しては、部下たちは心を開き、信頼を寄せてくれるものなのだ。


翌日、われわれはホノルルに入ることになっていた。これもやはりじつに古めかしい伝統だが、海軍の艦は指揮官の階級、艦長就任の年月日の順に着岸や出航を行なう。私は三隻の中でいちばん後任の指揮官だった。

しかし、ベンフォルドは任務である対潜水艦戦の演習をその日の早朝にはすませていたので、すぐにでも入港できた。そうすれば部下たちは陸で丸一日、めったにない自由を楽しめるはずだ。私は、他の艦が先にホノルルに入るのを待つために無駄に海に漂っている必要はないと思い、部下たちがまた無線で聞いていることを承知の上で、同じく入港を待たされている同行艦に連絡を入れ、早く入港する許可を提督になぜ求めないのかと聞いた。

するとその艦長はうんざりしたように「面倒くさい問題を起こさないでくれ」と、

私に警告した。だが、私が取ったのは、まさにその「問題行動」だった。提督に連絡して、早く入港させてくれるよう求めたのである。

提督の口調は決して友好的なものではなかった。

「正当な理由があるのか」と提督は言った。

「ここにじっとして燃料を無駄遣いしなければ、税金を節約できます。また、機材に破損した部分があって、それの修理もしたいのです。それから最後に、できれば部下たちを早く上陸させて一日楽しませてやりたい。私が数えたところ、以上三つの正当な理由があると思います」

提督はせき払いした。そして、誰もが驚いたことに、この堅物がこう言った。

「許可しよう」

艦内全体で部下たちの歓声が上がった。われわれは四基のエンジンをすべてふかし、燃料の節約などどこ吹く風、波しぶきを上げて全速で港の入口を目指した。そして装備の修理をいち早く終え、部下たちは正午までには美しいビーチに向かうことになったわけである。

そのころから、私は自分が——名目だけでなく、真の意味で——ベンフォルドの指揮官になっていっているのだと感じ始めた。ある部下が、「私たちはみんな、艦長が自分の次の昇進のことよりもわれわれを大切にしてくれていると思っています」と言ってくれたからである。

「人の上に立つ者のタブー」を学ぶ

思えば、艦長になるまでにはさまざまな環境におかれてきた。そして、どんな環境からでも、教訓は学びとれるものだ。

私は七人きょうだいの六番目だった。両親が上の五人の子供を苦労して大学に通わせていたのを見ていたので、アメリカ海軍兵学校で「無料で」教育を受けられるというチャンスがめぐってきたとき、それに飛びついた。

海軍兵学校の課程の八〇パーセントは工学、化学、物理学、微積分学などの理系の学科で占められていて、私にはそれがとてもつらかった。成績の競争も激しく、私は優等生ではなかったから、卒業できただけでも幸運だったというものだろう。

海軍士官の最初の配属先は兵学校の成績順に決まるので、ピカピカの最新艦は、成績上位者たちにあてがわれる。私の最初の配属先は、古くて錆《さび》の浮いた老朽艦だった。上司は、老朽艦にふさわしいとみなされている人たちばかり。つまり、時代遅れの考えまるだしで、部下を怒鳴りつけたり、細かいことまで口を出したりして自由を与えずに命令を実行させていたのである。

しかし、私にとってこの配属は幸運だった。というのは、軍にとって重要な新型艦では新人に実務を任せるゆとりがなく、そのような艦に配属された兵学校の優等生たちには、訓練や学習の機会が乏しいからだ。一方、私はこの老朽艦で、実践的な訓練を積み重ねる多くの時間と機会に恵まれたのである。

この老朽艦の艦長はあまりにも激しく感情を爆発させた。そのため、多くの乗組員は解雇されたり、あるいは自分から出ていったりした。

しかしそのおかげで、本来は通信担当官だった私が、急きょ代役として艦を操縦したり、対潜水艦戦担当官を務めたりもした。最低の上司ではあったが、結果的に、私はあらゆる技術を学ぶ機会を得たのである。ピンチはチャンスになり得るのだ。

私がより広いものの見方を身につけ始めたのは、次の配属先だった。フィリピンで、軍のトップである将軍の補佐官を一八カ月間務めたのだ。

私は、将軍が出席するあらゆる会議に参加し、将軍あての機密文書をすべて読み、さらには将軍の手紙の大半を代筆して、アメリカ海軍のトップがどのように仕事を行なっているのかを学んだ。

この経験から組織のトップダウン式の考え方を学び、上の階級の人々とつき合う術《すべ》を身につけた。私は広くアジアをまわり、アメリカ海軍としては中華人民共和国建国以来となる中国の青島《チンタオ》への寄航を計画したり、ウラジオストク沖の艦から当時のソビエト海軍の行動を監視したりした。それはすばらしい学習体験だった。

このとき私は二五歳だった。その歳で、上級レベルにおける組織の運営方法を知るチャンスなどなかなかない。リーダーシップに必要なポイントを学ぶのに、非常に有効な訓練であった。

次の任務は駆逐艦の戦闘システム担当官。その仕事は部門長として八〇人の部下を監督し、また戦術に関する情報をまとめるというものだった。

すぐれた艦長が率いる優秀な艦だったが、私が働き始めて三週間したころ、艦長は私を自分の部屋に呼びつけ「きみほどひどい戦術担当者に会ったことはない」と言い放った。

艦長は、私を解雇しようと思えば簡単にできたはずだったが、そうしなかったのは、私に見込みがあると思ってくれていたのだろう。私は自分への厳しい評価を腐ることなく受けとめ、意欲的に学び、上司の要求、期待に応えていった。

そして一八カ月後にその艦を離れるときには、同じ艦長が「きみほど優秀な戦術担当者に会ったことはない」とまで言ってくれたのである。

イエスマンには「ことの本質」は見えない

その後、私はひとまわり大きな艦で、より複雑なシステムと一二〇人の部下を管理したあと、今度は海軍人事局で働くことになった。

一隻の艦どころか、大西洋艦隊のすべての艦の士官を任命する立場となったのだ。

私はそこで実務処理能力の高さを認められ、次第に昇進していった。そしてついに、当時の最新鋭艦の副長に任命されたのである。

この艦は設備も人的資源もすばらしく、「人を動かすリーダーシップとは何か」についてて多くのことを教えられた。自分がこれまでの海軍にはいない〝新しいタイプ〟のリーダーになりたいと強く望み始めたのも、このころからである。命令をくだすだけでなく、もっと効果的な「人の動かし方」があるように感じたのだ。だが、それをどうやって実現したらよいのかは、まだわからなかった。

そんなおり、国防長官の軍事担当補佐に選ばれるという、人生最大のチャンスを与えられた。陸軍、空軍、海軍、海兵隊の四軍からそれぞれ三人の候補者が出され、私はその仕事をめぐって競った。

私を候補者の一人として推薦してくれた海軍人事局の担当者は、「きみの実績では難しい。あまり期待するな」と言い、「きみは海軍の第一候補ではないのだから、面接を受けることになったら、海軍の恥になるようなことだけはしないように」と釘を刺した。

しかし、どうしたわけかその予想は外れ、幸運にも私はその仕事を得てしまったのだった！

おそらくはフィリピンで将軍のもとで働いた時期に、「チームプレイヤー」になることや、自信をもって高官を相手にする術を学んでいたおかげだろう。

だが、その仕事には困難もあった。立場的に、私が第一に忠誠を示すのは、軍ではなく、国防長官室でなければならなくなったからだ。

私の主たる任務の一つに、長官のスケジュール管理があった。すぐれた指導者がみなそうであるように、長官はしっかりと分刻みで規律を守る人物だった。

しかし、自分を売り込むのに躍起《やっき》な軍のエリートたちは、長官と長話をして自分の昇進に利用するために、顔を合わせる時間をしきりに長引かせようとした。この時間の浪費を防ぐには、誰かが厳しい番人にならなければならない。


たとえば、こんなことがあった。長官が、自動車爆弾が爆発して亡くなった五人の国防総省職員たちの家族に会うため、サウジアラビアのリヤドを訪れたときのこと。

家族との対面の前に、われわれは空軍の少将から作戦行動についての説明を受けることになっていた。長官は、その件についてはすでに十分に把握していたので、その説明会はさほど重要ではなく、むしろ家族に対する弔辞《ちょうじ》に時間を取りたがっていた。

しかしその説明会は、まさに少将が自分を売り込むイベント以外の何ものでもなかった。少将がいっこうに話をやめようとしないのを見て、私が割って入って説明会の終了を告げ、長官を急いで退場させた。すると少将は私の腕をつかみ、ものすごい剣幕で怒鳴りつけた。しかし、私もそれまで上官に対してしたことがないくらい、激しい勢いで少将に言い返したのだった。

硬直した権威主義を相手にする場合は、ときには捨て身の手段も必要とされる。その任務から、私は「組織」について多くのことを学んだ。

その後、私の関心ははるかに大きな問題に向けられていくことになる。それが、海軍から優秀な人材が流出しているという問題であった。私は自分が艦を与えられたなら、その悪い傾向を覆すようなやり方で艦を指揮しようと決意した。

それまでの仕事から、上司のやり方によって部下のモチベーションがいかに左右されるか、身をもって実感していた。上司が部下と真剣に向き合い、彼らが全力で任務に打ち込める環境を整えるだけで、いったいどのくらいの成果が上がることだろう――。

そしてついにベンフォルドを得て、私はその実現に向けてチャレンジする機会をつかむことになる。

It's Your Ship
by Michael Abrashoff

2

部下を迷わせない、確たる「一貫性」

命令では人は動かない

軍隊における上長のイメージというと何だろう。命令するときに毅然《きぜん》と叱りつけるような厳しい態度が思い起こされるかもしれないが、いくら軍隊といえども、これでは組織はスムーズに動かない。どんなリーダーも、命じるだけでは、何も成し遂げられない。真のリーダーシップとは、「教訓」ではなく、「実例」によって示されなければならないのだ。

好むと好まざるとにかかわらず、部下は上司の例にならう。上司は部下に大きな影響を与えている。もし、上司が自分が納得できない命令には平然と背くといった行動を目にすれば、部下は自分たちも同じことをしてもよいという許可を得たと考えるかもしれない。上司が真実を話さないことに気づいたら、部下も同様に嘘をついてかまわないのだと感じるかもしれない。どんな場面でも、上司は、自分の影響力を決して軽視してはならないのだ。

逆に、上司が時代遅れになったビジネスの慣例を打ち破ろうと挑戦している姿を見たら、必ず部下はそれにならうだろう。そして以後、それが組織のやり方として深く染み込んでいくことになる。

私が実行したのは、部下に「徹底的に考えさせる」ということだった。部下の行動や提案に対し、「どうしてそういうやり方をしなければならないのか。もっとよい方法はないのか」と尋ねると、彼らは必ず期待に応え、よりよい方法を探し出してきたのである。

私自身も、新しいアイデアを考えては上司に提言したし、その姿を部下に見せるよう心がけた。こうして私は、部下たちの能力を引き出していったのだ。

上司は自分が行なうあらゆる決定や行動を通じて、部下にどう活動すべきかを教え込まなければならない。その上で、部下の行動の責任を取る姿勢が必要なのだ。

私自身は、自分が思うような結果を部下たちから得られなかったときには、怒りをこらえて内省し、自分がその問題の一部になってはいなかったかどうか考えた。

自分自身に次の三つの質問を投げかけたのである。

①目標を明確に示したか？
②その任務を達成するために、十分な時間と資金や材料を部下に与えたか？
③部下に十分な訓練をさせたか？

こうして自問を行なった事柄のうち、じつに九〇パーセントが、少なくとも当の部下と同じくらい私にも原因があったのである。

この教訓に関する最も鮮明な記憶は、まだ私が別の艦で副長を務めていたときのものだ。ある水夫が自分の任務である監視中に居眠りをしてしまったことがあった。これはきわめて重い罪だ。見張りが眠ってしまったばかりに、部隊が全滅する可能性だってある。

その若い水夫は呼び出され（犯罪で告発されたようなものと考えてほしい）、私はその件を〝判事〟（つまり艦長）に送るか、それとも告発を却下すべきか決めなければならなかった。

しかし、これは明白な事件だった——警戒中に寝ていたのは事実であり、間違いなく有罪だ。その理由など聞くまでもない。

そこで私は、もうそれ以上の調査を行なわずに、艦長のところへ連れていった。関係する責任者もみな集められた。

すると艦長は驚いたことに、その水夫になぜ、監視中に眠ってしまったのかと理由を尋ねたのだ。水夫は汚れた職場を徹夜で掃除していたのだと答えた。では、なぜ彼は徹夜で掃除しなければならなかったのか？　その持ち場の責任者が、午前八時までにやっておくようにと命じたからだった。艦長はその責任者に尋ねた。

「なぜきみはその作業にもっと時間を与えてやらなかったのだ？」

「部門長にそうするようにと命じられたからです」

私はこの話がどこに向かっているのかすぐに悟り、冷や汗をかき始めた。艦長が部門長のほうを向き（このころには、私は汗だくになっていた）、部門長は私のほうを向いて言った。

「副長が午前八時までにすませるように、とおっしゃったからです」

彼らがそんなにも人手が足りず、誰かが徹夜までしなければならないなどと、どうして副長の私が知り得ただろうか。だが、じつのところ、私は知っておくべきだったし、少なくとも、それが問題のある指示だということを、部下たちが私に言えるような関係を築いておくべきだったのである。

艦長は今回の一件を取り下げた。私は間抜けな上司そのものだった。

これ以降、私は**目標を明確にし、それを行なうだけの時間と設備を与え、部下がそれを正しく行なうための適切な訓練を受けていることを確認しないかぎり、もう二度と命令を口にすることはしない**ようにと、心に誓った。

それが、指示を出す際の最低限の条件なのである。

「ダークサイド」を上手にコントロールする

人を率いていく上では、自分が部下にいかに大きな影響を与えているか、自分の考え方や行動がどれだけ伝染しやすいか、自分が部下のやる気や積極性をどれほど引き出しているか、つねに意識している必要がある。まず自分を律した上で、部下とのコミュニケーションも欠かしてはならない。

凡庸なリーダーは、自分の部下のことを知ろうとしない。

ベンフォルドの前艦長と、その部下だったアレックスとの間に、ある〝事件〟があった。その艦長の任期が終わりに近づいたころ、彼は通路でアレックスを呼び止めて、「新入りか」と尋ねた。

アレックスはベンフォルドが建造された当初からいる人間の一人で、この艦で二年間働いていた。だが、彼はまじめな顔で「はい、そうです。それで、あなたはこの艦で何をされているのですか?」と返したのである。

艦長は、金色に輝く自分のバッジを指差して、「これが見えるかね? 私がこの艦の指揮官であることを示しているのだ」と言った。

アレックスは素っ気なくこう答えた。「それはそれは。お目にかかれて光栄です」と。

そのやりとりを目撃した数人の乗組員は、あやうく吹き出しそうになったという。

上司がつねに部下に送り続けなければならない唯一の信号は、一人ひとりの存在と力が自分にとっていかに大事であるかということである。じつのところ、それ以上大切なものなど存在しない。

上司は自分の影響力を悟り、それをうまく活かす。部下を支える存在になる。部下がどういう人間であるかを知る。彼らの能力と、どうすればそれを高めることができるかを考えるのだ。

どんなリーダーも、自分が組織の雰囲気を決定していることを知らなければならない。熱心な上司のもとには必ず熱心な部下がいるものだ。

逆もまた真なりで、リーダーが不機嫌なら組織全体もギクシャクする。だが、リーダーとてスーパーマンではない。まったく元気が出ず、前向きな気持ちになれない日もある。そんなときはどうすべきだろうか？　大事なのは、自分が与える害を最小限に抑えることだ。

私自身の例を紹介しよう。私はいつも、問題が生じたときには何時だろうとすぐに報告させ、対応するようにしていた。しかし、部下たちは、私が夜間に報告を受けることが多くなり、そのため睡眠時間が少なかったりすると、その翌日はてきめんに気難しくなることに気づいていた。

彼らは私が夜間にどれくらい報告を受けたかを把握し、もし一晩に四回以上だったり、何かを指示するためにベッドから出なければならなくなったりしたときには、翌日の私がニコニコと笑っていないことをわかっていた。

のちに私は、部下たちがそれを「ダークサイド（暗黒面＝映画『スター・ウォーズ』で、人格の悪い面が出ている状態を指して使われた言葉）」と呼び、夜間に私が起こされた回数に関する噂が広まっていたことを知った。

徹夜明けのある朝、私が艦橋で椅子に座っていると、ある怖いもの知らずの一九歳の乗組員がやってきて、「艦長、今日は『ダークサイド』という噂ですが」と言った。

私は思わず苦笑いをしたものだ。だが、学ぶべき教訓は、誰にでも「ダークサイド」はあり、それについて自分自身がよく理解できるようになれば、うまくコントロールできるということにある。

私は自分が明らかに「ダークサイド」に落ちているという日には、乗組員との接触をなるべく減らして、せめて害をまき散らさないようにしようと決めたのだった。

後悔しない意思決定の「絶対的基準」

私はさまざまな艦に乗務したが、慎重を要する艦内での操縦、戦術的演習などの重要な場面で、装備に事故が起きたり、誤作動が起きたりしたことが何度かあった。こうした問題の多くは、関連する装備があまりに複雑なことに起因しており、根絶することが難しい。そうはいっても、システム全体を調整したり修理したりするには数百万ドルもかかってしまうため、トラブルが起きるたびに少しずつ対処するしかなかった。

こうした事故が発生したとき、誰もが精一杯の言い訳をして、何とかして責任から逃れようとすることがとても多いことに私はショックを受けた。うんざりする気持ちもわかるし、大きな失敗の責任を負いたいと思う人間などいないのも当たり前だ。

だが、リーダーとは、立ち上がって自ら責任を負うべきときを知っている人間だと、私は信じている。

私は艦長として、上の者たちが責任を逃れたり、自分の経歴を守るために問題をごまかそうとしたりするのを、下の者たちに見せるような〝悪しき文化〟を助長したくなかった。

ベンフォルドを引き継いだとき、私はこの艦を海軍史上最高の艦にしたいと思っていたし、結果だけでなく「正しいやり方」でそうすることが重要だった。自分がつねに倫理観を失っていないか確認する方法はシンプルだ。こう自分に問いかけるだけである。

「もし、このことが明日の『ワシントン・ポスト』の一面に載って全米中に知られることになったら、それを誇りに思うだろうか？　それとも、恥ずべきことだと思うだろうか？」

恥ずべきことだとわかった場合は、それを実行に移さなかった。誇りに思えるのなら、堂々とその道を進んだ。

目標に到達することは重要だ。だが、いかにしてたどり着くかということも同じくらい重要である。汚い手を使って目標を達成しても必ず敵をつくり、長い目で見るとマイナスになる。

そして、正しく目標に向かうプロセスにおいては、「正しいことをしなさい」という規範で十分である。つまらない駆け引きや、自分が誰かを困らせたり、怒らせたりしてはいないかとクヨクヨするのもやめることだ。それが正しいことなら、エゴにとらわれず、内輪もめも気にせず、それを行なうべきだ。


こんなこともあった。

戦いの現場ではすべての乗組員の力が必要となるので、艦が航海中のときは誰も年次休暇を取れない。唯一の例外は、部下の家族が危篤状態のときだ。そうした場合には部下を飛行機で家まで送り届ける。

子供が誕生するときでも、通常は帰宅させない。しかし、私が最も信頼している部下が「例外をもうけてくれ」と願い出てきたのだ。彼は士官であり、一般の水兵より階級が上の、責任ある立場だった。

われわれがペルシャ湾に向けてサンディエゴを発つ三日後が彼の妻の出産予定日だ

った。つまり、彼が艦を離れれば、その途中のホノルル近海で行なうことになっている重要な演習に参加できないことになってしまうのだ。

私は悩んだ。他の多くの部下も子供の出産に立ち会えずにいた。それを、士官だからといって特別に許可を与えるようなことはしたくなかったが、彼によると胎児の状態がおもわしくないのだと言う。ついに私はリスクを冒そうと決断した。海軍全体という視点から言えば、それはよい決断ではなかったかもしれないが、私は彼に帰宅の許可を与えた。

われわれが出航した四日後、その赤ん坊は危篤状態で生まれた。助かるかどうかはまる一カ月間わからないと言う。赤ん坊が危篤状態だったので、海軍の条項によって、正当な休暇扱いになった。士官は海上勤務を一週間でなく、まる六週間休めることになった。

私は振り返るたびに、彼が妻と生まれたばかりの息子のそばで、支えとなれたことを本当によかったと思う。その士官に対して私も正しいことができたし、今ではその赤ん坊は元気に成長している。

そして、もしこの話の経緯が『ワシントン・ポスト』に掲載されていたなら、私は少しも恥じるところはなかっただろう。

リーダーにも求められるチームワーク

くだされた命令が自分の意見と一致しない、それでもそれを執行する責任がある、ということはたびたびある。どうしても異議があれば、上司と話し合うことが必要だろう。だが、**もし議論に負けたのなら、その命令を一〇〇パーセント納得して実行することも大切**だ。

戦いにおいてこの規律はきわめて重要である。艦長の命令を無視させるわけにはいかない。それは、人命や艦を救うには不可欠なものだ。ミサイルがこちらに迫ってきて、私が撃墜するように命令した場合、部下はただちにそれを行なうようにしなければならない。

同様のことは会社でも言える。

もし、上司であるあなたが組織全体の規律などおかまいなしに勝手に行動していると部下たちに思われてしまったら、組織の方針が個人の意見と一致しないときは、組織の命令に従わなくてもよいのだ、と彼らは思うだろう。

私のここまでの話やリーダーシップに対する考えを聞くと、私が海軍で権威を軽蔑し、上司はすべて敵だと決めつけて反抗し続けたのだと考える人もいるのではないだろうか。

それは大きな誤解である。私は一匹狼でも、管理主義者でもなかった。もちろん、海軍の定められた条件の範囲内で活動していた。自分の艦に対する統率権はあっても、しょせんは四〇万人からなる大組織の中間管理者にすぎない。

自分の意見と一致しない任務とその方法を与えられたとき、私はその目標を達成するのに、もっとよい方法はないかと考えただけである。上司からの要求を満たすために、よりよい方法を提案しようとすることは何も悪いことではない。成果が上がれば、最終的には彼らの功績にもなる。

あくまでも組織の一員として、それぞれの立場でベストの結果を出す。そのために、私は部下に自力で考えさせ、同じように自分で考えたことを上司にぶつけた。そうすることで、仕事に必要な力が磨かれていったと考えている。

IT'S YOUR SHIP
BY MICHAEL ABRASHOFF

3

「やる気」を巧みに引き出す法

部下からの提案を5分以内に判断する法

私がリーダーシップについて本格的に学び始めたのは、ワシントンで国防長官の仕事ぶりを目の当《ま》たりにしたときからだった。長官は国家元首たち、大臣たち、そしてアメリカだけでなくその同盟国の軍隊から広く愛され、称賛されていた。多くは、その「話の聞き方」に理由があった。

長官は、彼に話しかける人全員に、子供のようにひたむきな関心の視線を向ける。それでいて礼儀をわきまえた人物なので、彼の前では誰もがいい気持ちになれた。国防長官は私に、「人の話に耳を傾ける」ということがいかに大事かを気づかせてくれた。

自分は今まで、いかに人々の話を聞いている「ふりをしている」ことが多かったか――。部下が私のオフィスに入ってきても、やっていた作業から顔も上げなかったことがどれだけあったかと、自責の念にかられた。

しかし、課題が明らかになったことで、新たな個人的目標に向かうことができた。

ベンフォルドの指揮官となったとき、私は**艦にいるすべての人間とのすべての出会いを、いちばん大事なものとして扱おう**と誓ったのだ。簡単にできることではなかったし、完璧にもできなかったと思うが、そう決心することで、部下たちはすばらしい技術や才能、アイデアで私を助けてくれた。

とくに若い部下たちが、聡明かつ有能であることに驚いた。すばらしいアイデアにあふれているのに、今まで誰も耳を傾けないがために日の目を見ていなかっただけなのである。

ほとんどの組織がそうであるように、海軍でも中間管理職を単なる「トップの命令の伝達者」に変えてしまっていた。彼らは上からの命令を〝公布〟することに慣らされて、下からの提案をこころよく受け入れることに慣れていなかった。

しかし私は、部下が持っている艦の活動を改善するためのアイデアを、すべて集めることこそ自分の仕事だと考えた。ガチガチの管理主義者はこれを邪道だとみなすかもしれないが、実際には、各部門で地道な仕事をしている人々こそが艦を支え、艦長には見えていない現実を知っているのだ。

まず私がしたのは、艦にいる全員の名前をおぼえることだった。これは、決してたやすいことではない。何しろ、わずか一カ月で三一〇人の名前と顔を一致させるのだ。そして私は、艦にいる部下一人ひとりと面接をし、みなへの期待を直接伝えようと決めた。

思いついたその日から早速取りかかり、一日に五人の部下と一対一の面接を始めた。この面接の結果が自分とチームに何をもたらすのか、最初からわかっていたわけではない。わかっていたのは、自分が艦の環境と雰囲気を変えたいと強く望んでいる、ということだけだった。

私は、名前や出身地、結婚しているかどうかなど、きわめて基本的な質問から始めた。子供はいるのか？　いるなら、名前は何というのか？（やがて、私は乗組員の名前だけでなく、彼らの子供の名前まで知るようになった）

それから、自分たちの職場であるベンフォルドについて尋ねた。いちばん好きなところは？　好きでないところは？　変えられるとしたら何を変えるか？

もっと立ち入った質問もした。高校時代に何か特別な思い出はあるか？　故郷を離れてどんな思いがするか？

私は彼らに海軍での目標を持っているかとも尋ねた。将来の目標は？　そして海軍に入った理由を聞いた。そのときまで、私はみながどうして入隊してくるのかという理由を知らなかった。

話を聞いてみると、若い部下の半分は大学に行ける経済的余裕がなかったために入隊していたことがわかった。また、まともな働き口が見つけられず、無職でいるよりは……とチャンスを求めてやってきた部下も多かった。なかには、幼いころに交通事故で両親を失い、遠い親戚に育てられたという者や、両親がギャンブル依存症で借金ばかり繰り返しているという者もいた。

部下たちの多くが、豊かさとはまったく無縁の環境に生まれていたが、全員が自分の人生を何か意義のあるものにしようと努めていた。みな善良で、正直で、勤勉な若者たちだ。彼らは尊敬と称賛を受けるに値する者たちなのだ。

こうした面接の結果、私の中で何かが変わった。部下たちをとても尊敬するようになり、もはや彼らは、私が命令を怒鳴りつけるだけの「名もなき連中」ではなくなった。私と同じく希望や夢を愛する者たちであり、自分のしていることに誇りを持ちたがっていた。そして、敬意を持って接してもらいたいと願っていた。

私は彼らの最強の〝応援団長〟になろうと思った。部下のことを知り、尊敬しているこの私が、どうして彼らに手ひどい扱いができるだろうか？　どうして彼らを見捨てられるだろうか？

私は、彼らが人生に目標を見出し、そこにたどり着くまでの進路を描くのを手助けすることが最高の喜びとなった。

私がこの面接を行なうまで彼らの大半は、それまで指揮官の部屋にすら入ったことがなかったが、**自分たちが本当に歓迎されているのだと知ったとたん、彼らも変わった**。進んで私の部屋を訪ね、さまざまな提案をしてくるようになったのだ。

私は机の上に艦内放送用のマイクを置いた。すぐれた提案を受けるたびに、そのボタンを押して、艦全体にそのことを伝えた。士官たちの承認を得る必要などない。すばらしいアイデアを採り入れるのに要する時間は、たった五分だった。

丸い穴には「丸い人材」、四角い穴には「四角い人材」

面接によって、部下たちの人生における目標と仕事の上での目標、そして、そのために彼らに何をさせるべきか考えるための〝データベース〟が手に入った。

自分の部下をよく知っているということは、じつに大きな資産で、部下をうまく指導する手段ともなる。

私がその教訓を学んだのは、ベンフォルドに来る前に別の艦で副長を務めたときだった。副長は第二の指揮官であるとともに、艦のすべての事務処理の責任者でもある、いわば「総務部長」だった。その激務ゆえ、海軍でも最も嫌がられる仕事の一つといわれている。

その艦には四四〇人の乗組員がいて、それはつまり四四〇人分の評価、業績記録、適性報告、給与の支給記録、健康診断の記録——などがあるということだった。この書類をつくる紙のために、いったい何本もの木を切り倒さなければならなかっただろうか？

この艦に、ただ他の者よりも長くいるという理由だけで昇進した、とんでもない輩《やから》がいた。書類の管理を担当していたにもかかわらず、彼はパソコンも使えなければ、校正もまともにできなかった。すぐできるはずのことにも、やたらと時間がかかった。そしてある日、彼は休暇をとり、信じがたいほど多くの間違いがある書類の海の中に私を置き去りにしたのである。

だがその後、二一歳のデイビッドという部下が艦にやってきた。彼は艦の管理事務室から、その仕事が合わないということで移されてきていた。さらに悪いことに、この若者は、反抗的だという評価を受けていた。

そのようなこともあって、私は彼にほとんど期待せず、何とか書類管理の混乱状態を軽減してくれて、私を指揮官本来の任務に戻してくれないものかとだけ願っていた。

彼と会って、任務を手短に説明してからまもなく、私の部屋の隅で乱雑になっていた業績記録と適性報告の山が、私の机の「要署名」の箱へと順序よく移されることになった。驚くべきことに、うずたかく積まれていた書類が次々と姿を消していった。

さらに、文字は正確に綴られていたし、主述がしっかりとした文章になっていた。

ある日、私はデイビッドに艦の管理事務室から追い出された理由を尋ねた。

「先輩たちに嫌われていたのでしょう」と彼は答えた。

彼は艦に所属して一カ月もしないうちに、事務室の効率と手順を改善する方法を提案するようになったが、先輩連中はそれが気に入らなかったのだ。階級が下というだけで何度も辛らつな扱いをされるうちに、デイビッドもあきらめ、異動を願い出たのだった。

彼こそ私が求めていた人間、つまり「自主的にものを考える人間」だった。私は、先任の五人を飛び越して、彼を自分の第一補佐とした。

デイビッドのおかげで、大いに助かったものである。私は彼の能力を最初から見抜けたわけではなかったが、この一件以降、人を評判や見かけだけで判断せず、その人が持つ適性を見抜けるよう細心の注意を払うことにした。

人材をその能力に応じて適材適所に配置すれば無駄が減り、組織は効率よく運営できる。あなたの会社にも、「ないがしろにされている才能」がないだろうか。

言葉ひとつで揺るぎない信頼関係を築く

この章の最初にも述べたが、国防長官の「話を聞く姿勢」が私に与えた影響は、いくら言葉を尽くしても言い表わすことができない。彼の助けによって、私はリーダーとしても一個人としても、劇的に変化することができた。

彼が私に教えてくれた二番目に重要な教訓は、士気に影響をおよぼす「言葉の力」に関するものだった。

中国が台湾に向けて発射するためのミサイルを集結していたとき、われわれはその地域に艦隊を派遣した。国防長官はたまたま議会で証言を行なっていて、ある上院議員が彼にその兵力の増強について質問した。

答弁の一部として、長官はアメリカには「世界一すぐれた海軍」があるので心配はしていないと述べた。それは、当時相つぐ不幸に見舞われていた海軍にとって、大きな励みになる「魔法の言葉」だった。リーダーの力強い言葉は部下たちの合言葉となり、彼らの秘めた力を引き出した。

のちに私も同じ手法を使った。

ベンフォルドを海軍で最もすぐれた艦にしようと決意した私は、そのことを部下たちに繰り返し言った。すると、ついには彼ら自身もそう願うようになったのだ。

私は部下たちに、艦を訪れるすべての人に対して、その人物と目を合わせ、握手をし、微笑み、「海軍で最もすぐれた艦へようこそ」と言って迎えるようにしてほしいと伝えた。

艦を訪れる人たちはそんな出迎え方を気に入ってくれた。わざわざその場にいない私を捜し出して、「あなたの部下たちと接することができたことは、じつにすばらしい体験だった」と語ってくれる人もいた。私の考えでは、これこそがマーケットシェアを拡大し、事業を成長させる方法だ。

別の艦と並んだときには、われわれは艦外に向けて、「海軍で最もすぐれた艦」からの挨拶を放送した。正直に言うと、その〝うぬぼれぶり〟に腹を立てる艦もあった。

それでも、私は部下に自信を持ってもらいたかった。

自信は伝染する。うぬぼれだろうが見えすいた言葉だろうが、大きな成果がある。実際にはまだいちばん優秀と認められていたわけでなかったが、われわれは確実にその〝ゴール〟へと向かっていた。

IT'S YOUR SHIP

BY MICHAEL ABRASHOFF

4

明確な「使命《ミッション》」を共有せよ

部下をとまどわせる〝グレーゾーン〟をなくせ

艦を指揮したり、会社を管理したりするときの極意とは、多様な価値観や能力を持つ人々を団結させ、鼓舞し、懸命に働かせる、その共通の目標を明確にすることである。

ベンフォルドの指揮官に就いたとき、私は絶えず艦内を歩きまわり、なぜこの艦では、すべてがこれほどまでにうまくいっていないのか、どうして元気がないのかをつかもうと努めた。そして、部下たちは、二週間ごとに給料をもらうためにそこにいるだけなのだということに気づいた。

たとえて言えば、彼らは基地の駐車場にとめた車の中に情熱や意気込みを置いてきて、空になった体だけで働きにきていた。これで精力的な仕事などできるわけがない。

プライベートの時間にドライブや映画を楽しむのと同じように、仕事場でも楽しんでもらいたかった。

では、何が欠けていたのか。誰も彼らに魅力的な仕事の理想像、その仕事に誇りを持つに足る十分な理由を与えようとしてこなかったのである。

われわれは目が覚めている時間の七〇パーセントを、「仕事」と呼ばれる活動に捧げている。この活動に意味を見出せないとしたら、恐ろしいことだ。

そこで、私は「全員の力でベンフォルドを海軍最高の艦に育てる」という魅力的な理想を掲げたのだった。そして部下たちは、その目標を達成するために、艦長から自分が必要とされていることを知り、意気込みや情熱を車に置きっ放しにしてくることをやめて、徐々にそれを職場に持ち込むようになっていった。

では、部下の力が必要だというメッセージは、どのようにすれば伝わるか。

ベンフォルドでは、ありとあらゆる手段を使ってさかんにコミュニケーションが取れるようにした。部下から上司への個人的なメール、乗組員向けの日報、すぐれたアイデアに対する私からのフィードバックや艦内を歩きまわって行なう雑談など、そこに上下関係の垣根はなかった。それ以外に甲板で行なわれる催し物やにぎやかな音楽パーティなどもあった。

公然と部下を叱りつけた前任者とは逆に、私はベンフォルドの艦内放送を使って部下をほめたり、新しいアイデアを分かち合ったり、自分たちの目標を説明したり、それぞれが共通の目的のために協力し合うことをオープンにしたのである。

あまり頻繁に艦内放送を使うので、そのうち部下たちは私のことを「メガ・マイク」と呼ぶようになった。艦長はマイクを見たら手に取って話さずにはいられないのだ、と彼らは言った。

と言いつつも、部下たちは上司から話が聞けることを喜んでいた。こうしたコミュニケーションは、今日《こんにち》の多くの組織に欠けているものだ。激しい競争によって絶えず自らの改革を余儀なくされているというのに、管理職たちはそのいきさつを説明せず、むしろ沈黙することが増えているように思える。

環境の変化は社員をおびえさせ、彼らの不安は管理職たちの沈黙によって増大する。その対応策は明らかである。徹底的に話し合いを続けることだ。なぜ会社が変化しているのかを説明し、なぜ自分たちが変わらなければならないのかを教えるのだ。

嘘をつかず、横柄に振る舞わなければ、部下はどんなことでも吸収できる。嘘や横柄さは、生産性に悪影響をおよぼす相互不信の雰囲気をつくり出してしまう。

私は、**大規模な新しい方針を開始するときには、部下たちがそれに対してどう考えているか質問してみる**ことにした。彼らの立場からして理にかなっているなら、おそらくはよい方針であるはずだった。理にかなっていないと言うのなら、私の方針があやまっているか、意思が明確に伝わっていないかのどちらかだった。

意思が明確に伝わっていたなら、部下は新しい方針が自分にとっても艦全体にとっても利益になる理由を理解するはずだった。そうすることで、私は自分が行なったほとんどすべての改革で、部下たちの全面的な支援を得ることができた。

部下に秘密にすることが、すなわち管理する手段を確保していることだ、と感じている管理職もいる。

だが、それは愚かな考え方であり、失敗の原因でしかない。秘密がもたらすのは孤立であって成功ではない。

管理職にとって重要なのはチームの力であり、そのためには「集団の知」が必要なのだ。私は、部下が自分のチームの共通の目標を知れば、それだけ多くの協力を得られる——そして、よりよい成果を達成できることを知ったのである。

「知っているはず」――これほど恐い思い込みはない！

ベンフォルドの指揮官に就任する前、さまざまな艦で働いていたころ、私は「情報の伝わり方」に絶えず苛立ちをおぼえていた。

トップから下りてくる伝達事項がよく途中で止まってしまって、現場の人間たちにそれが伝わらないのである。

彼らは正しい情報を教えてもらえないために、自分たちに求められていると想像したことをし続けた結果、上司たちから叱り飛ばされていた。

私は、自分が指揮をとるようになったときには、確実に情報が伝わる意思伝達のシステムをつくり出すことに集中しようと決めた。**部下がどれだけ上司の命令について知っているかということと、彼らがそれをどれだけうまく実行できるかということには直接的な関係がある。**

情報伝達ルートの確保は、リーダーの最大の仕事である「組織の生産力を高めること」に必要不可欠なのである。

ときには、この意思伝達の問題が深刻な事態を招くこともあった。イラクで危機的な状況が生じた際には、一つの通信システムが混乱しただけで、ペルシャ湾艦隊全体が危険な状態に陥りかけた。

当時、艦隊の海上における通信手段は、デジタル革命からすっかり取り残されてしまっていた。通信手段として衛星を最初に用いたのは軍だったが、情報の必要性が飛躍的に増大することを予測できず、開発は進んでいなかったのである。

その以前から、情報伝達システムの不備はたびたび問題視されていた。にもかかわらず、軍は、情報のパイプラインの容量を増やすことに投資を行なっていなかったのだ。

当時のシステムは安全性という点ではすぐれていた。インターネットでの伝達とは違って、高度に暗号化されていたので、極秘情報も送れた。しかし、不幸なことに、そのパイプラインは膨大な通信文でパンクしてしまったのだ。

イラクで起きた問題は深刻で、七〇〇〇もの作戦通信文がどこかに行ってしまったり、送れなくなってしまったりするほどにまで悪化した。完全にどこかに消えてしまった通信文もあった。

危機はすぐそこに迫っている。軍のトップは通信の障害に苛立ち、暗号化されたデータを民間の衛星システムを借り受け、一分あたり一〇ドル五〇セント（約一〇五〇円）かけて送り始めた。

皮肉なことに、じつはベンフォルドやその他の多くの艦には、最新の衛星システムが装備されていた。それはミサイルの発射などで必要とされる緊急データ伝送のためのものだったが、不幸にも、このシステムの機能は、ほとんどの無線技士には不可解で、誰も適切に使用する訓練すら受けておらず、ましてやその性能を活かすことなどできなかった。

そこでベンフォルドの無線技士、ジョン・ラファルコが登場する。

私のベンフォルド時代のあらゆる成功例の中でも、彼の仕事ほど誇りに思っているものはない。ラファルコはその途方もなく大きな障害を一人で取り除いたのだ。

ラファルコは何時間もかけて、その衛星システムに関する技術的なマニュアルをすべて読んだ。そして「本来は緊急時用のこの衛星システムを常時活用することで、今起きている通信のトラブルはすべて解決することができる」と私に告げたのである。

ところが、私がラファルコのアイデアを通信担当の責任者に伝えると、うまくいかないだろうと言う。

そのアイデアを実践するのに必要な人手が心配だし、システムを本来とは異なる目的で使うことにも抵抗があると答えたのである。

六週間後、通信のトラブルは悪化の一途をたどり、正しい情報が伝わらずにアメリカ艦隊が孤立した状態になりかけたとき、私は思いきって陣頭指揮をとっていた少将に緊急の通信文を送り、ラファルコのアイデアの必要性を詳細に示し、その方法を説明した。すると、少将はそれを採用し、そのアイデアをただちに実践するように命じたのである。

すぐに私は、ラファルコをペルシャ湾のあちこちに派遣し、他の艦にその衛星システムの使い方を訓練させた。ジェット機で飛びまわる彼は一躍スーパースターとなり、われわれはとても誇らしく感じたものだ。

われわれベンフォルドの仲間が、通信の専門家である将校たちを平然と教育し直したのだから。

システムはただちに作動し始め、完璧に機能した。未処理分の情報トラブルは、ほとんど一夜にして解消された。

しかも、そのシステムのパイプの容量はじつに大きかったので、膨大な量の通信文を送ることもできるようになった。すべての艦が二四時間交信し合うことが可能となり、何の不調も起きなかったのである。

この武勇伝における私の唯一の役割は、部下の話に耳を傾け、彼のアイデアを評価し、それがよいものだと確信すると、それを懸命に外部にアピールすることだけだった。

それ以外のことは、すべて彼の才能と思考力が行なったことである。唯一残念だったことといえば、彼のアイデアをもっと早い時期に採用できなかったことだ。

この一人の無線技士は、驚くべきことに、われわれを危機から救い出し、ペルシャ湾艦隊全体の連係の効率を、急激に高めた。

サンディエゴに戻ると、艦隊全体の司令官である中将に報告を行なうという仕事が待っていた。この最高幹部クラスの会合の参加者は、各艦のトップのみ――それに、ラファルコ――だった。

私は彼を連れていって、彼自身のアイデアと成果を説明させた。若いラファルコが教師となってキャリア豊富な中将に経緯としくみを解説するなど、これほど晴れがましい気持ちになったことはなかったし、ラファルコの説明を受けた中将は、いたく感心していた。

そう、**才能に役職など関係ない**のだ。

ピンチのときほど強い人

ペルシャ湾にいたとき、私の三一〇名の部下たちは、「ベンフォルドは艦隊の中で最も頼りになる艦」という評判を築き上げた。ベンフォルドの乗組員側から見れば、そうした評価に心を躍らせ、楽しんでいたのが事実である。

艦隊の指揮官たちは、外交的な専門知識が要求される仕事には、ベンフォルドを派遣した。

また細かい作戦にもとづき、間違いのない仕事が求められるときにも、ベンフォルドが派遣された。ついでに加えれば、艦隊全体の士気を高めたいときも、決まって海軍はベンフォルドを要望したのである。

われわれは自分たちのずば抜けた評判を守るため、〝中傷者〟となるかもしれない外部の者たちに対して、攻撃の口実を与えないようにした。

仕事の時間外においても、模範となるような行動を部下に求めたのだ。外国の港での上陸休暇の行動に対しては明確で厳格な規則をもうけ、万が一、ベンフォルドの評判に傷をつけた者は、それ以降の配備期間中は艦から出ることを許さなかった。

私の持論では、組織に所属する者は、各人がその組織の代表者である。われわれはみな〝外交官〟であり、それにふさわしいように振る舞わなければならない。

私は部下自身のためにも、ベンフォルドの評判を危険にさらすまいとしていたのであり、仲間の足を引っ張ることになる行ないに対してはまったく容赦しなかった。

たとえば、中東のバーレーンに上陸したとき、私の部下たちは基地のバーに行っても、バカ騒ぎには加わらないようにしていた。基地の警備員たちは、ベンフォルドの乗組員はきちんと振る舞っているので、いつでも見分けがつくと言っていた。

ある晩、別の二つの艦の酔っ払った乗組員たちが、怪我人を出すほどの大喧嘩をしたことがあった。しかし、ベンフォルドの乗組員は、その喧嘩に何も手出ししなかったのである。彼らはいつものようにバーの隅に集まっていたが、この野蛮な行為にかかわらなかったということだった。

私の部下たちの、こうした勤務時間外の振る舞いは、必ずしも自発的なものだけではなかったかもしれない。だが、われわれはみな、その結果を誇らしく感じた。

陸で問題が起きても、ベンフォルドの乗組員はそこから逃れ、艦が勝ち取った信頼に足る〝外交官〟という評判を守っているだろうと、私は安心していられた。

大きなプロジェクト後には「批評」を徹底する

私がベンフォルドの大改革を進めるにあたって、じつは、陸軍から拝借させてもらった方法がある。これは「活動後報告」と呼ばれているものだ。

大きな決定や事件、作戦のあとで必ず、それにかかわった者たちが艦橋にある私の椅子のまわりに集まり、批評会を行なう。うまくいったときでも、やはり分析を行なう。

偶然うまくいったのにもかかわらず、それが自分たちの力だという危険な誤解を持ったままになることもある。だからわれわれは、自分たちがしたこと、しようとしていること、その方法、条件や不確定要素、今後その方法を改善する手法などを話し合い、記録した。

こうした会合の基本原則は、現場から「生の声」を引き出すために、どんな発言にも懲罰を与えないことだった。私は部下がグループの誰に対しても異議を申し立てたり、批判したりするように促し、たとえいちばん下の部下でも私を批判できるようにした。

私にこんなことを言った部下もいる。

「艦長、今日のあなたの艦の管理はまったくお粗末で、そのせいでわれわれは残業するはめになりました」

部下が上司に対してこの発言とは嘆かわしい、という意見もあるかもしれない。

しかし、今の時代、ほとんどのビジネスがそうであるように、海軍にも時間的、経済的〝ゆとり〟などというものはない。もはやわれわれは限られた資源で任務を果たさなければならないのだ。それを行なう唯一の方法は、組織から無駄をいっさい省き、最大限の効率化を図ることだ。

そして、もし私が非生産的な仕事を生み出しているのだとしたら、私はそのことを知りたかった。**もし私のしていることで部下に何かしら問題をもたらしているとしたら、私に伝えてもらいたかった。**

そうすれば、私はそれを正したり、そうしなければならない理由を説明できたりするし、艦長として、軍上層部から私に課せられている制限や要求について、また私の立場について、部下たちにもわかってもらえるはずだった。

批評会で私が自分自身を批判にさらすのを見て、部下たちも自分をさらけ出すようになった。そうやってわれわれは、それぞれが互いの心の中を知ることができたのだ。その結果どうなったか？　われわれは二度と同じ間違いを繰り返さなくなったり、より大きな視点で物事を考えるようになった。

正直に言うと、ベンフォルドの改革に着手したころ、私はそれが今までの軍隊の規律に与える影響をひどく心配した。

「部下を解放すれば、彼らが新たに発見した自由にどう対応するかはわからない。もしかしたら、私は単に混乱を生み出そうとしているだけではないのか？」と。

だが、現実にはそれとはまったく逆のことが起きた。

指揮官としての後半の一二カ月間、規律上の問題は、私の前任者のころよりもはるかに少なくなっていた。

かつては、部下たちは何とかして艦を降りようとしてチャンスをうかがっていた。しかし、今や彼らは何とか艦に残ろうと努力していたのである。そうした気持ちは、仕事ぶりに明らかに表われた。

自由は組織に害となるか？

答えはその自由の質による。エゴをさらけ出す自由ではなく、チームの成果を上げる方法を提案する自由なら、組織にとって大きなプラスとなるのである。

5

チームで「負け組」を出さない！

〝情報のパイプ〟を詰まらせる原因

ベンフォルドを引き継いだとき、私は艦内が〝不信感〟に満ちていることに気づいた。

海軍において、艦の指揮官になるための競争はじつに熾烈《しれつ》で、ベンフォルド内でも四人の部門長が、高い地位を得ようと競っていた。四人全員が副長職への審査を受け、艦の指揮権を得ようとしているのだ。

ほとんどの艦で、独自に指揮権を振るうことができるのは艦長と副長のトップ二人だけだ。その座を争う敵対関係はシステムの中にくい込み、全体の雰囲気を悪くしてしまう。

職場にこのような状況が生まれると、部下の中に派閥を生み出し、お互いに対する信頼を損ない、組織力を低下させてしまう。

私はなぜ海軍が、それを黙認しようとするのか理解できずにいた。企業で上に立つ管理者が同様の姿勢でいることも、やはり理解できない。内部の論争や虚勢の張り合いは、業績には悪影響しか与えない。

私がまず行なったのは、**その四人の部門長に、それぞれの海軍での未来がひらけるかどうかはベンフォルド全体の成功にかかっていると伝える**ことだった。私は、もし彼らが協力してベンフォルドを海軍で最も優秀な艦にしたなら、全員に大きなチャンスがあるだろうと言った。

うまくいくにしろいかないにしろ、われわれは一つなのだ。たとえ最良の兵器部門があったとしても、もし技術部門がスクリューをまわすことができず、艦が戦場に行けないとしたら、何の意味もない。

彼らが納得し、協力体制をつくったことで、ベンフォルドはさらに躍進した。さらに、私の打ち出した方針から学んだことを、その後のキャリアでも活かしてくれた人物がこの四人の中にいた。

四人のうちの一人、ジョン・ウェイド少佐はのちにベンフォルドを離れ、警備艇の指揮官になった。

ウェイドは、ベンフォルドのやり方をもちいることで、一年間でその艦を小艦隊の七隻のうちで最も優秀な艦に変えた。

乗組員の力を引き出すことによって、その艦は最も優秀なチームに贈られる賞を与えられたのである。

すぐれたリーダーシップのもう一つのすばらしい側面は、ウェイドのような後継者を生み出し、それが組織全体に広がり、さらにすぐれた後継者を生み出す好循環が生まれることだ。

各部門のリーダーたちが自分たちのいさかいをやめると、その部下たちもお互いをもっと信頼するようになり、つまらない疑いを抱くことをやめる。人々はお互いに意見を交換するようになり、一つの部門が問題を抱えたときに、助け合うようになるのだ。

組織全体が勝利すれば、そこにいる全員の勝利である。誰も「負け組」になる必要はない。**「負け組」が必要な組織など、偽物**である。

「伸び悩んでいる人」の可能性を引き出す

軍人にとって、海軍での道は「上に行くか」「外に出るか」である。じっとそのままでいることはできない。昇進の基準を満たすか、さもなければ辞職するようにすすめられるのだ。

一見すると、それは役立たずを切り捨て、強力な組織を構築するための正しい方法であるかのように思えるが、すぐれた才能が必ずしも初歩的な仕事の枠に収まるわけではない。

このシステムは、ときには能力を犠牲にして組織をつくり上げていて、大器晩成型の人間は能力を発揮する前に、あまりにも早く解雇されることが多い。

しかし、海軍にはそうした成果を待つだけの余裕がない。せっかく士官学校で専門的な訓練を受けてきた士官たちをも、いともあっさりと見限ってしまうのである。

ベンフォルドがペルシャ湾に向けてサンディエゴの基地を離れる直前に、提督が私に電話をかけてきて、われわれの姉妹艦で無能だとして追い出された士官がいるのだが、と告げた。

基地を管理していた中将が、その士官を解雇せずにすませることができないか、配属先を見つけてほしいと提督に言ってきたのだという。当時、あまりに多くの士官が辞めてしまっていたので、海軍は士官不足だったのである。

われわれが配備に向かう前日、ベンフォルドは仮採用として、その士官を受け入れた。彼の名前はエリオットといい、私はすぐにこれまで出会った多くの士官の中でも、最も才能に恵まれた一人であることを知った。

彼はすべての指示書を理解し暗唱することも、敵艦の発見法などの複雑な手順を説明することもできた。彼は、艦の部門長たちよりも豊富な知識を持っていたが、まだ二三歳で、海軍兵学校を出たばかりだった。

しかし、エリオットには、基本的な問題があった。そのやさしそうな容姿と、おとなしい性格だ。自信がなさそうに見え、それだけで見くびられ、いじめられてしまうのだ。彼が前に乗っていた艦の乗組員たちはとくに荒っぽい連中で、毎日のように彼に冷たくあたり、からかったりした。そして指揮官もその状況をあえて変えようとはしなかった。

私が思うに、他人に自信を失わせることで、自分の自信を高めようとする人間ほど悲しいものはない。エリオットは被害者だったのだ。

私は彼に対して、ベンフォルドの乗組員たちは、全員がチームの結果を最優先し、団結して働いているのだと告げた。

「われわれはすべての人間は威厳と尊敬をもって扱われるべきだと信じており、きみに対しても同様の態度を示すし、きみからも同様の態度を得られるはずだと考えている。誰もきみを見下したりしないし、もちろんきみも他の者たちをバカにしてはならない」

彼が自分の力を信じるように手助けすることで、私は新たな一人の優秀な部下を得ることになった。エリオットは、私が抱える最も優秀な士官の一人となったのだ。たしかに彼に対して私は、個人的な時間をたくさん割いたし、他の者よりも面倒を見なければならなかったが、その努力は正しい投資だった。

たとえば、潜水艦を見つけて戦うことに関しては、誰も彼にはかなわなかった。私は彼のそんな成長と貢献を喜び、彼を部下にできたことをうれしく感じるとともに、以前働いていた艦で彼のこれだけの能力がないがしろにされていたことには、愕然とせざるを得なかった。

その後、彼は海軍でもう一期任期を務め、そのあとはビジネススクールに進む決断をした。彼は、人々を率いる術を知ったことからくる自信と才能を手に、胸を張って艦を降り、新たな人生に乗り出していった。

エリオットに対する私の仕事は、予期しなかった重要な恩恵を生み出した。私は他の部下たちにきわめて重要なシグナルを送ることができた。すなわち、**「私はきみたちを見限ったりはせず、力になるつもりだ」というシグナル**である。

リーダーは、部下が自分たちの行動や発言に鋭く反応することを理解しておく必要がある。もし彼らが何かを失敗したときに上の者がすぐ愛想を尽かすことがわかれば、部下たちはこの集団には救済の余地はなく、次に見限られるのは自分かもしれないと、すぐに判断してしまう。

もしリーダーが積極的に介入して、努力をしている者には手助けをするのを目にしたなら、彼らは安心するだろう。

こうした処置は時間を要するが、部下たちがより安心し、もっと思い切った行動を取ろうと組織に対して積極的な態度を示すようになれば、しめたものである。

誰がいちばん恩恵を得ることになるだろうか？　それは、リーダーなのだ。

〝悪い知らせ〟ほどすぐ伝わるシステム

上司は、悪い知らせを持ってくる人間をないがしろにしないことが重要である。悪い知らせを聞きたがらない上司は、トラブルの端緒に耳を傾けず、やがてそれを手に負えない大きな問題にしてしまう。

部下にとってはミスやトラブルの報告ほどつらく、言い出しにくいものはない。部下が上司に報告することを恐れない信頼の気風を生み出すことは、組織にとって死活問題になると言っても大げさではない。

こんな例があった。ベンフォルドほどの艦になると、最先端の技術が詰め込まれ、ちょっとした技術の進歩があるたびに改良される。その結果、すべてがどんどん複雑になる。

たいていは防衛関係の巨大な請負業者である会社の技師が、その作業をすべて行なう。装置を取りつけるのも彼らだ。

ベンフォルドはあるとき、技師に言わせるとレーダーの信頼性をより高めるとされる増設機器を取りつけた。しかし、実際には、レーダー内の多くの出力装置がショートし始め、システムの信頼性が低下することになった。

われわれはこの問題をすぐ技師に伝えたが、他の艦からはそのような報告はされていなかったため、技師はわれわれだけに問題があるのだと判断した。

だが、他に増設を行なった艦の状況を調べてみると、彼らも同様の問題を抱えていて、そのことを伝えていなかっただけであることがすぐわかった。

私はサンディエゴの基地にいる提督に緊急の連絡をし、新しい機器が艦の戦闘能力を低下させていることを知らせた。

私には提督がどう反応するか予測できなかった。不具合を明るみに出し、問題提起をしたわれわれを厄介者扱いするかもしれない。しかし、意外なことに提督は、私をはじめ各艦に対し、システムを正しく直すように指示した。

提督がレーダーの問題を知る必要があるすべての人々に、すぐさま警告してくれたことを、私は心からうれしく思った。艦隊全体にかかわる問題を即座に取り除くよう、全面的に支援してくれたのだ。

こうして、トラブルが起きる前にシステムは改善された。

自分で解決できるささいな問題は上司に知らせるべきではない。だが、このように重要な状況では、逆の行動をとったほうがよい。できるだけ早く上司に知らせるのだ。トラブルは時間をおいてもよくなることはない。時間をおけば、それだけ解決法を見つけ出すために上司が使える時間がなくなってしまう。

大切なのは、お互いの信用を築いておくことである。上司にトラブルを報告すれば、感情的にならず解決に動いてくれる。何かうまくいっていないことがあれば、部下は必ず報告してくる。この前提の上で、それぞれが仕事に打ち込むことができるのである。

「小さなきっかけ」から大惨事を防ぐ

この事件のすぐあとに、もっと深刻な問題が生じた。海軍の艦艇は、気温五〇度を超えるペルシャ湾から氷点下の北大西洋まで、どんな気象条件でも進まなければならない。低温だと燃料がゼリー状に固まる可能性があるので、艦は燃料を液状に保つための燃料オイル加熱装置をそなえている。ベンフォルドは、まだ寒冷地に行く必要に迫られてはいなかったが、万が一のためにその装置を使えるようにしておく必要があった。

われわれがシンガポールに滞在中のこと。艦の定期点検で一人の部下がこの装置から燃料が漏れて、高温で稼動している別の装置の上に垂れていることに気づいた。きわめて危険だ。もしその垂れている燃料が発火して大火事となれば、機関室全体を破壊してしまうことになる。緊急に調査すると、艦が航行する際の振動で、加熱装置の密封部分に亀裂が入ったからだとわかった。

私はただちに提督に連絡して、部下の念入りな確認によって大惨事をかろうじて免れたことを伝えた。そして同様の加熱装置をそなえた他の艦でもこうした欠陥が生じていることを心配した私は、すべての艦を確認することを提言した。

提督は同様の加熱装置をそなえた姉妹艦に、同じような問題がないか確認を取った。たたき上げの技術者だったその姉妹艦の指揮官は、私が過剰に反応しすぎているのであり、その問題を正すために人員を増やす必要はないと思うとそっけなく答えた。

しかし、提督はその返答を許さなかった。別の艦を調べてみると、一部にベンフォルドと同様の燃料漏れがあり、誰もまだそれに気づかずにいたことがわかったのだ。

その後、例の姉妹艦を提督が直接視察すると、同様の問題が発見された。すぐさま提督は、燃料漏れを改善しなければすべての駆逐艦が危険であると、海軍全体に伝えた。

ベンフォルドは、この大惨事につながる問題へ注意を促したことで、称賛されることになった。

この姉妹艦のように、表面的には異常がないように見えても、問題が隠されていることはよくある。一つのチームで問題が発見されたら、その情報を組織全体で共有することが、次のトラブルの防止につながった例である。

ルールを守るべきとき、破るべきとき

私が燃料漏れの一件を提督に伝える勇気を得ることができたのは、前述のレーダーの問題で提督が私を支援してくれたからだった。一度真剣に自分の意見を聞いてくれたのだから、また耳を貸してくれると信じたのだ。

さらに、私は燃料漏れを発見した乗組員に、すぐに海軍業績章という名誉ある勲章を与えた。

本来は海軍の組織を通じて承認を得なければならないものだが、私は「艦に貢献した人間はすぐに認められる」というメッセージを全員に伝えるほうが重要だと考えたのだ。

この部下は私の艦を救ったのであり、私は記憶が色あせないうちに彼を称えたかっ

た。

　これは重要なポイントを示している。すなわち、「規則を破っていいのはどんなときか」ということである。

　組織は規則をつくり出しても、そもそもなぜそれが必要なのかということを忘れてしまったり、その理由がもう存在しなくてもわからずにいたりすることが多い。旧式な規則を排除するという点に関して、組織というものは融通がきかない。今日のめまぐるしく変化する世界にあっては、**本当に重要なもの以外、規則は〝厳然たる法〟としてではなく、〝指針〟として扱われるべき**である。

　とはいえ、規則を守るべきか、破るべきか、どちらとも言えない状況もある。

　そのような状況があるからこそ、中間管理職が必要なのだ。もし何もかもが明確に判断できるのであれば、組織は規則をつくる最高経営責任者と、それを異議もなく実行する社員だけで足りるはずだ。

　中間管理職とは、どちらとも言えない状況の中で判断し、指示を出す人間であるべきなのだ。

とはいえ、私はあれこれ規則を破るときには、自分が間違ったとしても、部下を危険にさらすことがないようにした。自分に与えられた権限以上の表彰を行なうときも、私はただ自分だけの責任で判断を行ない、チームの部下には責任がないことを明確にしておいた。

結局、この表彰を上層部がとがめることはなかった。たとえとがめられていたとしても、部下のために起こした私の行動に、『ワシントン・ポスト』は賛同してくれただろう。

暴走する「危険な独裁者」にどう対処するか

上司にはさまざまなタイプがいる。

たとえば、性格は悪いが仕事はでき、彼らが自滅するか引退するまで部下はじっと耐えるしかない上司がいる。さらに、もっと始末が悪く、耐えがたいトップもいる。それは、常軌を逸するほどの独裁者だ。

これは、権限を持つ者が人の意見を聞く義務を果たさず、自分には無限の力があると思い込んだときに生じるもので、あらゆる人々を危険にさらしかねない。

部下を持つ中間管理職は、こうしたトップから自分の部下を守る義務がある。

私は、そうした上司から部下を守ることがじつに苦痛を伴い、真の勇気を必要とするものであることをよく知っている。机上の空論ではなく、実際の体験から思い知らされたのだ。それも、苦々しい体験から。


ある期間、私は二人の上司に仕えたことがあった。それぞれ違ったタイプの人間で、「ダメ上司」の二大見本と言える問題点を抱えていた。

一人は自分の部下たちの功績を称えず、チームが優秀であってもすべて自分だけの功績のようにアピールする自己中心型の人物で、部下たちは伸びることができなかった。

私は彼に、そうした行動を取っていては何の成果も生まれないと言いたかったが、そうするだけの勇気がなかった。

もう一人の上司は部下を見くびったり、やることなすことに疑いを持ち、部下たちの独創力や、彼らが懸命につくり上げていた仕事のやり方をすべて台無しにした。

しかし私は、被害をこうむっている部下たちを守るべきときに立ち上がれなかった。上司の矛先が自分に向くことが恐かったのだ。

私は今でもそのことを思い出して、自分がこの二人の上司と部下の間で楯《たて》になれなかったことを恥ずかしく思うことがよくある。


これは、中間管理職にとって最も難しい状況の一つである。一方では、上司を支えなくてはならない。トップの指示が現場に速やかに伝わる体制づくりは、あらゆる組織の基本である。

もう一方では、どうにかして部下たちが力を発揮できる職場環境を整え、彼らがやる気をなくさないように気配りをしなければならない。この二つを両立させる手っ取り早い解決法などは存在しない。

それでも私は、やがて上司たちをうまくコントロールできるようになった。彼らに悪い知らせを伝えなければならないときには、必ず一対一で話し、彼らの怒鳴り声やののしり声が他の者にまでおよばないようにして一人でその攻撃を受けた。

部下が失敗したときには、そのあやまちの責任を私が負った。

いつも部下を守れたというわけではないし、もっと彼らのためにしてやれたはずだったと今でも悔しく思う。なかには上司の横暴が原因で海軍を去ってしまった者もいた。だが、少なくとも私はダメ上司に接する方法について、多くを学ぶことになった。

「できる人」にこそプレッシャーがかかるもの

主力艦であることの代償は、最も過酷な任務を与えられるということだ。

ベンフォルドは、中東地域においてのアメリカ軍にとって非常に重要な存在だった。海軍は、われわれのミサイル発射技術を高く評価し、他の艦よりも多くのミサイルを搭載させた。

この名誉のマイナス面は、ずっと海上にいなければならないということである。ほとんどの艦は最長でも三週間の配備で、そのあと三日間の休日がある。その間、陸に上がってビールを飲んだり、ゆっくり散歩を楽しんだりできる。

しかし、われわれにはそれが許されなかった。ベンフォルドはあまりにも大きな信用を生み出していたため、ある意味、自らの成功の犠牲者となっていたのだ。

これはあとになって知ったことだが、われわれがペルシャ湾での一〇〇日間の任務をようやく終えたとき、国防長官は「ベンフォルドだけはまだ留まらせるべきではないか」と言ったとのことだ。長官は二隻の空母と、何隻もの艦からなる一艦隊を交替させることに何ら問題を感じなかったというのに、ベンフォルド一隻だけは別だったのだ。

ではどのようにして、われわれはそのような高い評価を得たのか。

中東情勢が最も緊迫していたとき、われわれは三五日間ぶっ通しで配備についていた。二五日目ぐらいで夕食のときの話題にも尽きてしまった。部下たちは黙々と不機嫌そうな表情で食事をすませた。極度の緊張の中で繰り返される単調な日々のために誰もが気力を失いつつあった。私自身も気分がふさぎ始めた。リーダーが落ち込むと、組織全体がそうなっていく。

こんなときは自分が元気を出し、部下たちを励まさなければならない。そこで、甲板に部下たちを集めて、少し話をした。

「もうずいぶん長くここにいる。他の艦の乗組員たちが自由を楽しんでいる間も、きみたちが働いていることは承知している。それには理由がある。

海軍はベンフォルドをペルシャ湾で最も重要で、欠くことのできない艦と考えているのだ。**われわれがいちばんすぐれているのだ。いちばんであるということは責任を伴うものだからね。頑張ってくれてありがとう**」

私のこの話で、部下たちの顔に少し明るさが戻った。私自身でさえその効果には驚いたが、士気は劇的に変化した。

そして、ついにすばらしい瞬間が訪れた。われわれはペルシャ湾での一〇〇日間の任務を見事に成功させ、帰路に着くことになったのだ。大きな仕事を成し遂げたばかりか、死者や重傷者を一人も出さなかった。

仕事を終えた日の朝、われわれは遠征先の母港である中東のバーレーン沖に錨《いかり》をおろした。部下全員が楽しげに最初の滞在地として予定されている場所のことを考えていた。それは、リラックスするのに最高の国であるオーストラリアだった。

だが、錨を下ろしてまもなく、ペルシャ湾における警戒活動を指揮していた提督から緊急連絡が入った。

「密輸品を運んでいる船がイラン沿岸に向かっている。それを追う艦がいない。やってくれるか?」

スピーカーのスイッチが入っていたので、艦橋にいた者たちは、全員その連絡を耳にした。部下たちの祈るような視線が自分に注がれている。私自身、ぼやきたい気分だった。その衝動をどうにか抑えて、私は答えた。

「提督、ベンフォルドはあなたの指示にしたがいます。引き受けましょう」

部下たちは意気消沈した。その落ち込みようたるや、ひどいものだった。

「これは二日で終わるはずだし、あるいはもっと短くてすむかもしれない」と提督は言った。

そして、こう続けた。

「オーストラリアに着くのが遅れないように埋め合わせるには、どのくらいの速度が必要だ?」

われわれの通常の航行速度は、燃料を節約するために一六ノットとされていた。その速度ではエンジンを一基だけ使う。私は提督に二四ノットと答えたが、それには二基のエンジンで二倍の燃料を燃やす必要がある。

「きみたちが二四ノットで進めるように、追加の燃料を得られることを保証しよう」

その言葉は、提督がわれわれの〝時間外労働〟に対し、最大限の手当をするということを意味した。

乗組員たちは喝采した。


われわれは出航し、密輸船をイランの海岸線に沿って追いかけた。まもなくイギリスの戦艦も加わったが、その密輸船はわれわれが違法船を捕えることが禁止されているドバイ領海へと逃れた。威嚇射撃によってそれを止めることも可能だったが、周囲にはたくさんの漁船がいたので、罪もない民間人を危険にさらすことはできなかった。私は提督にヘリコプターで密輸船の追跡に協力してくれるように求めたが、唯一使用可能なヘリコプターは、別の艦にあった。

その艦もオーストラリアへと向かう途中だったので、最初、その要請を拒んだ。しかし、ヘリコプターならこの任務に協力したあとでも艦に追いつけるはずだと考えた提督は、その艦の指揮官にヘリコプターをわれわれに貸し出すようにキッパリ命じて、協力させた。

最初に提督から密輸船を追う要請を受けたとき、まったく気乗りがしなかったが、ぐずぐず言わずにその任務を引き受けたことで、私の、そしてベンフォルドの株はいっそう上がった。**上司が自分を強く必要としているときに手を貸すというのは、大きな投資**なのである。

すぐに任務をすませ、予定よりわずか一日遅れでわれわれはオーストラリアに向けて出発し、八日後には到着した。当初は一〇日間の寄港の予定であったが、私は誰もわれわれの航路を確認していないだろうと考え、港と港の間で速度を上げて進み、一二日間の上陸時間をひねり出した。

過剰な燃料で少しばかり税金を無駄遣いしたが、部下の士気という点において、見返りはその費用以上のものになった。

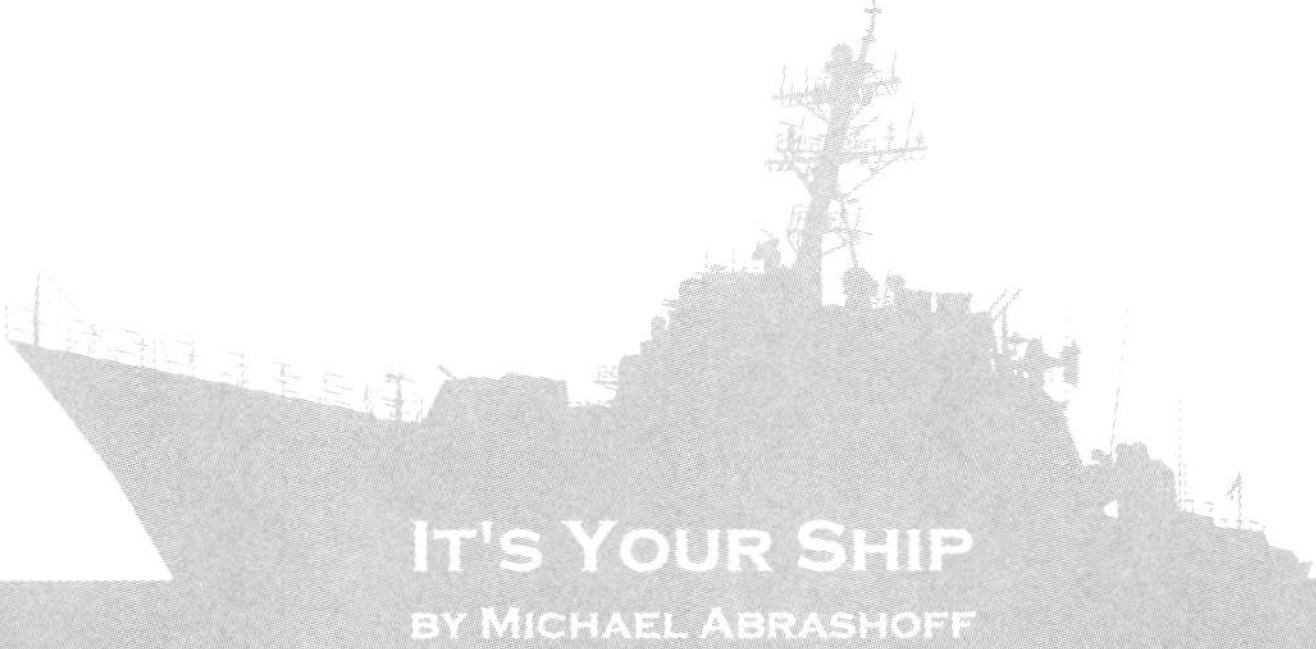

6

なぜ「この結果か」をよく考える

「上下関係のカベ」は30分で壊せる

世界中の企業と同様、アメリカ海軍もピラミッド型の組織である。すべての事柄が階級や先任権や軍の規律によって支配されている。ほとんどの艦にある「士官専用区域」の標識は、他の乗組員の立入りを禁じることを示すものだ。

私はなるべくさりげないやり方で、こうした厳格な慣習を崩しにかかった。それも、艦長になってすぐに。

海軍では形式的な儀礼がすたれることはなく、それは私の艦においても同様だった。私が甲板を歩いていると、部下たちは通路をあけ、私に顔を向け、壁を背にして気をつけの姿勢を取って敬礼する。

だが、まもなく彼らは、私が追従《ついしょう》やうわべだけの態度に関心がないことを知ることになった。私は敬礼などより結果を求め、私にとっての結果とは、仕事の効率を最大限に高めることだった。

これを成し遂げるには頭ごなしに命令しても無意味で、それでは士気をくじき、自発性を押しつぶしてしまう。私は部下たちに、心を開いて自らの創造力を働かせ、何をするにもよりよい方法を見つけてほしいと考えた。

人を束ねる立場の士官たちには、彼らの部下たちに**力仕事や盲目的な服従を求めるだけでなく、アイデアや自発性を引き出すことが必要**だと理解してほしかった。そして、艦内の全員にお互いを家族や仲間とみなしてもらいたかった。

艦長である私には、二二五年にわたって蓄積されてきた海軍の規則や方針、手順を行使する責任があったが、同時に、組織として最大の成果を上げねばならなかった。

だからこそ、部下たちがよりすぐれた方法を提案したときには、決まりきった官僚的な手順を踏むことを省略し、すぐにそれを採用した。彼らの新しいアイデアが実際にうまくいくと、そのアイデアを他の艦と共有できるように上層部に提案した。

そのためには、部下が自発的に行動することを奨励し、士官たちもそれを受け入れるようにしなければならない。それに、彼らが互いのことをよく知る必要がある。互いを深く知れば、そこから信頼関係が生まれるはずである。

この仮定が正しいことを証明してくれた一例を紹介しよう。

艦が海上に出ている日曜の午後、「下甲板《げかんぱん》」と呼ばれるデッキでよくバーベキューが行なわれていた。ある日曜日、私もその仲間に加わった。そこには食事を受け取るために乗組員たちが長い列をつくって待っている。

見ると、士官たちが何食わぬ顔で列の先頭に割り込んで食べ物を受け取り、上の甲板に上がって自分たちだけで食事を取っているではないか。その士官たちに悪気はなく、それ以外の方法を知らないだけだった。**ずっとそうしているから、続けているだけ**なのだ。

これを見たとき、私はその列の最後に並ぼうと決めた。士官たちは好奇の目で見おろしていた。彼らの中から一人の士官が降りてきて、私に話しかけた。

「艦長」と彼は心配そうな顔で言った。

「おわかりになっていないようですね。列の先頭へどうぞ」

「いいんだ」と私は言った。

「列があったらいちばんうしろに並ぶのは社会のルールだ。もし私のところまで肉がこなかったら、我慢しよう」

私は列に並んで、食事を受け取った。それからそのまま下甲板で乗組員たちと一緒に食べた。私を見守る士官たちの目から、好奇の色は消えていた。

私は何も言わなかったが、翌週末、またバーベキューに行くと、士官たちが列の途中に並んでいた。昼食を受け取ると、彼らは下甲板で、乗組員たちの中に加わった。海軍の基本的な階級社会からすれば、そうした光景は「異常」だと言ってもまだ控えめなくらいだった。

こうして、指揮官となって一カ月もしないうちに、私が心から部下のことを考えていて、彼らの潜在能力を伸ばそうとしていることを、彼らも徐々に感じるようになってくれた。

だが、彼らは艦長が上層部の者たちにしたがわなければならないことも知っている。平等主義や提案の自由は、ベンフォルドのみの〝異例〟で終わってしまうのか？

トップを巻き込むうまいやり方

あるとき、この試みを他の艦に示す機会を得た。われわれはペルシャ湾への配備にそなえて一週間におよぶ演習を行なっていた。すると演習の半ばほどで、一緒に行動していた艦に搭乗していた提督が、現場の状況と乗組員の働きぶりを確認するためにベンフォルドにやってきたのである。提督は一一時に到着し、三〇分ほど私の部屋で一緒に過ごした。さらに、ベンフォルドで昼食を取ることになっていたので、一一時三〇分に提督は士官用の食堂に向かおうとした。

「提督」と私は言った。

「私は、昼食を士官用の食堂で食べておりません」

彼は当惑したように私を見て、どうしているのかと尋ねた。私は部下たちとともに下甲板で食事しているのだと答えた。

彼は驚いて、「もう何年も下甲板で食事をしたことがないんだが」と言った。

「ですが、私の部下たちに会っていただきたいのです。彼らもお聞きしたいことがあるかもしれません」

上層部の人間や要人が乗船することになると、どこの乗組員たちも、その準備のために艦の清掃や塗装までやらされることになる。しかも、その人物が到着すると、まるで一緒にいる資格がないかのように、姿を隠すように命じられるのである。

私は、上層部の人たちに彼らと一緒に過ごしてもらって、彼らがじつに才能にあふれ、ひたむきであることを知ってもらいたいと考えたのだ。

私は提督に、部下たちに対して自分が抱いているのと同様の尊敬を、持ってもらいたかった。提督を下甲板へ連れていくと、そのまま私と一緒に列の最後に並んでもらい、他の者たちと同じように立って順番を待ってもらった。

もちろん、部下たちは提督に対して敬意を払いつつも、いつも私にしているように、かなり自由に話しかけた。

彼らは提督に対し、尊敬する〝先輩〟といった感じで、ごくふつうに話をした。提督はそうした体験をしたことがなかったが、幸いにもそれを気に入ってくれた。

皿に食事を載せると、われわれは別々のテーブルに空き座席を見つけ、提督は私とは離れて七人の乗組員たちと同席した。彼らは積極的に質問をし、提督も熱心に耳を傾けて、それにはっきりと答えていた。

私はうれしく感じるとともに少しほっとした。もし提督が規律にうるさい人間だったなら、大失敗となることも十分にあり得たのだ。

だが、提督は私の部下たちの質問に感銘を受けた。彼は自分より下の階級の人間から何かを学べるなどとは考えてもいなかっただろう。

ある部下が、士官を対象に導入されることになった新しい訓練プログラムについて意見を求めたとき、提督は不意をつかれた。彼はそれについて何も知らなかったからである。そのプログラムの影響を受けるのは士官だけだったので、彼は注意を払ってこなかったのだ。

そして、自分の指揮下にある組織の部下たちにとってきわめて重要なプログラムについて自分がまったく無知であることに気づき、驚いた。別の上司であれば、恥をかかされたと腹を立てたかもしれない。

しかし、私の提督に対する期待は間違っていなかった。下甲板を離れて士官室に戻ると「海軍に入ってからこれほど有意義な体験はしたことがないよ」と提督は言ったのである。

それ以後、提督は自分が訪問するあらゆる艦において、下甲板で昼食を取るようにした。その結果、彼は部下たちが考えたり、必要としたり、求めたりしていることをよく把握できるようになった。

この出来事以来、私は要人には、必ず部下たちと一緒に食事をしてもらうことにし、もし食事を取る時間がないときには、必ず何か別の方法で部下たちと交流できるように配慮した。


この新しい取り組みについて、頭の固い上司たちは、私が指揮をとったためにベンフォルドの秩序が乱れてしまったと考えるかもしれなかった。それでも、私は海軍のためによい財産を残したかったし、もしそれが私の払わねばならない代償であるならば、二度と昇進できないことすら覚悟していた。

私は、部下たちがさまざまな訓練を通して自分で決断を下せる人間にしたかった。**「自分自身で判断し、行動できる」――彼らの人生がどのようなものになっても、それほど重要で、彼ら自身や彼らの属する組織の役に立つスキルはない**と思う。

なぜ〝格上〟に挑戦することが必要なのか

私は、問題を解決しようとしたり目的を達成しようとしている部下を非難したりしたことは一度もないと自負している。

多くの職場では部下に「権限を与えること」が禁句のように思われているが、それは、その意味を、やりたい放題にさせることだと誤解しているせいだ。**部下に任せる際に、指針を与え、その範囲内で動きまわることを許すようにすればいい**だけだ。

自由な空気づくりという意味では、課外活動も役に立つ。

あるとき、ペルシャ湾に向かう前に、オーストラリア海軍のある上等兵曹が六カ月間ベンフォルドに配属されることになった。彼は元ラグビー選手だったので、われわれはラグビーを教えてもらおうと盛り上がった。

こうしてラグビー教室が始まり、ついにはベンフォルド・ラグビーチームまでできてしまった。われわれはユニフォームを買い揃え、アメリカ海軍でいちばんクールなラグビーチームとなった（もちろん、アメリカ海軍では、われわれが唯一のラグビーチームだった）。

あいにくチームが結成されてまもなくペルシャ湾へと向かうことになったので、技術はあまり上達せず、まあ、とてもワールドカップレベルではなかったとだけ言っておこう。

やがてアラブ首長国連邦のドバイに寄港すると、ベンフォルド・チームは当地のラグビーチームに挑んだが、それはいささか厚かましかったようだ。ドバイには、ラグビーにもっと真剣に打ち込んでいる人たちが大勢いたからだ。

乗組員たちの気迫は十分だったが、三五日間ぶっ通しで海上にいて持久力が衰えていたし、何より技術に欠けていた。そのため、七七対四というスコアで完膚なきまでに叩きのめされてしまった！

ご承知の通り、ラグビーは多くのケガ人を出す、とても荒々しいスポーツである。しかし驚いたことに、その試合で負傷したのはたった一人だけ。それもその日に本国からやってきたばかりで、〝スタンドで観戦していた〟若い女性の少尉だった。一瞬目を離したときに、ラグビーボールがフィールドから飛び出して、左手の小指に当たり、関節が完全に外れてしまったのだ。痛みもひどかったが、問題はそれよりも、彼女が音楽家を目指すコンサート・ピアニストだったこと。

われわれはすぐに彼女を病院に運び、そこで指をもとに戻してもらった。さいわいにして、彼女の指は完全に回復した。

というわけで、われわれはフィールドでは完敗したが、それでもかまわなかった。彼らが自信を持って経験豊かなチームに挑戦できたからだ。

プレイした部下たちのすがすがしい表情からも、彼らが「挑戦」の価値を知ったことが読み取れた。

つねに想定外の「プラスアルファ」を提供する

ベンフォルドは、一人の大口顧客を持つ企業だったと考えることができる。一人の大口顧客とは、ベンフォルドが属する艦隊を指揮する「提督」である。

マーケットシェアを支配するためには、「二つのサービス」の視点が必要だ。

まず一つ目として、顧客が最も重要視する分野でアピールする必要がある。軍をまとめる立場の提督にとっていちばん必要なのは、もちろん「戦闘力」だ。

そこでわれわれは、射撃能力を完璧に近づけることを目指した。西太平洋でずっと射撃訓練を行なっていたわれわれは、ペルシャ湾に配備されたどの艦よりもすぐれた成績をあげた。その結果、提督はわれわれにより多くのミサイル（本来の割当ての二倍以上）を与え、艦隊内で最大の兵力とした。それは、紛れもない栄誉であり、同時に、〝顧客〟が満足していることを示していた。

しかし、これだけで満足してはいけない。〝顧客サービス〟の極意は、**「プラスアルファのサービス」を提供する**ことにある。

われわれが提供したもう一つのサービスとは、提督が責任者だった禁輸品の査察業務を大幅に効率化する、新しい方法を編み出したことだった。

その査察業務とは、イラクに出入りするすべての艦船をチェックし、石油が密輸されたり、禁制品が持ち込まれたりしないようにするというもので、非常に手間がかかっていた。提督にしてみれば、海軍の本業以外のところで、労力をかけざるを得なくなっていたのだ。

海軍の艦はその海域を航行するすべての船に対して徹底的な査察を行ない、異常のないことを確認してただちに立ち去らせていた。あらゆる輸送業界がそうであるように、時間はきわめて重要なので、必要以上に長引かせて、反米感情を高まらせるようなことがあってはいけない。

あるとき、われわれは悪天候のせいで査察ができずに、イラクに向かう五隻のタンカーを三日間も停泊させることになった。天候が回復すると、遅延のことで非難を受けていた提督は、なるべく早くそのタンカーを査察するように命じた。

われわれはその五隻を、ベンフォルドを中心とした小さな円状に並べ、二組の調査チームを送り出した。そして五隻すべてを、事務処理も含めて二時間半で確認したのだが、それは記録的な速さだった。

すぐさま提督が電話をかけてきた。

「ありえない。本当にすべてのタンカーに乗船して調べたのか？」

「もちろんです」

「次回は私が監視に行く」

「了解しました。どうぞそうなさってください」

　私は冷静だったし、気取ってみせることさえできた。部下のデリク・トーマスのおかげで、ベンフォルドは効率的な方法を見つけ出していたのだ。

　国連が求めていた査察用の書類は一〇〇以上の質問から成り、耐えがたいくらい時間がかかる長ったらしいものだった。さらには、その半分は、無線で船長と話して答えさせなければならなかったが、大半の船長がほとんど英語を話せなかった。これではすべてを報告書にまとめるのに何日もかかるおそれがあった。

　以前に乗船した際に、士官たちがこうした手続きで苦労しているのを見ていたトーマスが意見を述べた。

「データベースを作成して、効率を上げてはどうでしょうか？　多くの船は毎週ここを通っている船です。一度基本的な情報をデータベース化すれば、繰り返し活用できます」

　私は彼に詳しく説明するように言った。

「出入りする船に関する昨年の報告書は、すべてネットワークから入手できますよ」

と彼は言った。

「質問のリストにある一〇〇項目のうち、五〇から六〇は船籍や船の大きさなどお決まりの質問で、航海するたびに変わるようなものではありません。それらについては、私がデータベース化できますから、必要な情報の半分はあらかじめノートパソコンの中にあります。何度も質問して、翻訳する必要はありません。報告書を含めて、全手続きは半分の時間ですむでしょう」

私は彼にそのデータベースを構築するように命じた。それには、最近査察した一五〇隻以上の船が含まれていた。このちょっとした工夫で、調査チームが乗船する前に報告の半分を苦もなく終えることができたのだ。悪天候で遅れた五隻のタンカーをたった二時間半でチェックして、報告書を完成することができたのはそういうわけだった。

われわれが次の査察を行なうに際して、提督がヘリコプターでやってきた。彼はわれわれ調査チームの効率のよさに感銘を受け、とくに、ノートパソコンにまとめられたデータベースには仰天した。「われわれはこれまで六年間ペルシャ湾で船の査察を行なってきたが……」と彼は言った。

「すべての情報をデータベース化するというアイデアは、誰も思いつかなかった。よくやった。すぐに私の分もコピーしてくれないか」

このデータベースは、すぐさまペルシャ湾で査察の任務を行なっているすべての海軍の艦艇に配付され、それは今でも使用され続けている。

この話のポイントは、すぐれたアイデアなら、どこで誰がそれを見つけるかなど関係がない、ということだ。

じつは、士官たちは最初、それが階級の低い者から出たものであったという理由だけで、このアイデアをドブに捨てようとしていた。トーマスの何度目かの進言を、私がたまたま聞いたことで、やっと日の目を見たのである。

ここで少し脱線して、あなたの会社に関係するかもしれない教訓を、もう二つほど指摘しておきたい。

1 多くのタンカーを査察するには、あまりにも人手不足だったが、それだけのために人員を増やすことはできない。提督は、「限られた人員から最大限の能率」を必要としていた。これは、多くの組織に共通する問題である。ベンフォルドの「査察データベース作成」はそれをみごとに解決する策だった。

2 組織は、限られた予算の中で仕事を進めなければならない。この意味においても、ベンフォルドの「査察データベース作成」は申し分のない問題解決法だった。新しい機材を買うこともなく、ノートパソコン一台ですべてを片づけてしまったのだ。「アイデア」はコストがまったくかからない、最高の問題解決ツールだ。

かくしてベンフォルドは、戦闘という「本業」と、査察という「副業」の両方において、専売特許と言える武器を手にすることになった。

上層部では、誰がわれわれを配下に置くかをめぐって絶えず争うようになった。

先頭グループの足を引っ張ってはいけない

私は、部下に海軍の訓練プログラムについてどう思うかと尋ねたことがある。

「正直に言って……」と彼は答えた。

「あまりよいとは思いません。艦長はわれわれに海軍の訓練マニュアルを手渡し、そのそれぞれの項目を行なうようお命じです。しかし、艦長は訓練生自身が何を必要と感じているか、彼らにお尋ねになったことがありません」

「なるほど」と私は言った。心の中では、この不平に対して、訓練を担当している教官はどんな反応を示すだろうと思った。

「新人が〝必要と感じている〟ことを尋ねろだと？　冗談だろう。新人は先輩が命じていることを黙ってやっていればいい」

彼らの口から出そうな言葉と言えば、こんなところだろう。

しかし、訓練は日常風景である。毎年、転属や解雇、退役などによって、乗組員の約三分の一を失う海軍は、つねに新しい人員が補充され、訓練という仕事が終わることはない。

一八年間のキャリアの中で、私は海軍の訓練がだいたいにおいて非効率的で、嫌悪感とは言わないまでも、大きな不満をおぼえさせるものだと考えていた。もし軍隊での訓練について投資収益率の調査を行なったとしたら、大幅な赤字になるはずだ。

私は教官と訓練生のチームをまとめて、訓練プログラムを改めようと決心した。ペルシャ湾での任務のあと、われわれはこの手順を開始した。

以前の訓練システムには「すべての人間を同じ技能水準まで引き上げなければならない」という前提があった。だが、**集団授業には柔軟性がない**。たとえ一〇人中八人がすぐに熟達したとしても、残りの二人もできるようになるまで、演習は続けられる。

こうした繰り返しが、どれほど時間の無駄になり、いかに人の関心や士気を失わせたかは容易に想像がつく。

解決策は単純だ。新しく導入されたシミュレーターをもちいて、訓練の難易度を上げ、実際に戦闘で経験するであろう状況より過酷にしたのである。ふつうのレベルで訓練していたのではなかなか弱点が見えてこないが、この方法により、遅れがちな者が誰か短時間でわかるようになった。

そして、力の劣る人間が一〇人中二人いたとしたら、その二人にだけ別メニューの再訓練を課すことにしたのである。こうして、他の八人にとってはただ時間が過ぎるのを待つだけの、非効率なやり方を葬り去ることができるはずだった。

この試みは理論ではすばらしく聞こえたが、実践してみると散々だった。問題は、データを記録する方法がシミュレーターに追いついていなかったことにあった。誰がどの訓練をいつ終えたかという記録は紙と鉛筆で記されていたのである。この時代にあって、本当に紙と鉛筆だったのだ。

そして——こんなことを言っても信じないかもしれないが——誰もその記録をデータベース化することを思いつかなかったのである。

ここでもまた、ペルシャ湾のデータベースを生み出したトーマスの出番となった。彼が記録を整理したおかげで、キーを一つ叩けば、訓練の結果——日付、点数、脱落者、優秀者——を見ることができるようになった。そのプログラムで訓練期間の計画まで立てられた。それは画期的な前進であり、無駄のない訓練を保証し、とくに再訓練を要する人間を重点的に取り扱えるようになった。

このエピソードは、一般の会社で働くみなさんには遠く感じられるかもしれない。しかし、私が言いたいのは、部下のトレーニング方法をもう一度見直してほしいということなのだ。

各個人に見合った能力強化法があるはずだし、**画一的な研修プログラムは場合によっては時間の無駄になってしまう**のである。

「前例がない」をくつがえす方法

この訓練プログラムによってベンフォルドが上げた成果をアピールすると、年老いた時代遅れの人間たちが激怒した。

彼らはそれほど優秀な艦などあるはずがないとさえ考えていた。なかには評価の期間中にわれわれの艦を訪ねてきて、私が前言を取り消すのを目にしようと待ちかまえる者もいた。

だが、われわれは完璧だった。卒業するために習得しなければならない、海軍の慣例では六カ月後に行なわれることになっていた最後の課題を、わずか二カ月で、それまでの最高得点――六カ月間訓練をしたどの艦よりも高い得点――を獲得することで、自分たちの能力を実証した。

なぜ、それができたのか?

部下たち自身が新しい訓練プログラムを活用して、海軍がそれまで考えていたよりも、効率的な方法をつくり出していたのだ。

私は提督に連絡した。「閣下」——私は、なるべく控えめな態度で言った。「たった今、訓練に合格いたしました。それゆえ、もう六カ月間の訓練のために海に出る必要がなくなりました」

少し間があった。彼は言った。

「前例がない。とにかく、きみたちは六カ月間海に出なければならない」

私は穏やかに提督にかけ合った。上司を説得するには〝技術〟がいる。まずは上司の心を動かす「引き金」が何であるかを知ることだ。誰にでも共通する引き金の一つは、「経費の節約」である。

そこで私は、ベンフォルドの戦闘力はすでに高いレベルを維持しており、もし訓練のスケジュール変更を許可され、海に出る時間を大幅に減らせるなら、燃料費を大幅に節約できると説明した。その燃料を、まだ習熟度が水準に達していない他の艦にまわすことができるのだと。

彼はついにプログラムの変更に同意した。私の部下たちは四カ月間の無駄な重労働を免れることになった。だが、私が堂々とその知らせを部下に告げたとき、一人の部下が手を挙げた。

「それは自由時間ですね？」

「そうだ」

「いろいろな場所に寄港してまわるというのは、いかがでしょう？」

「訓練期間に寄港してまわる艦などないぞ」と私は言った。しかし、それはおもしろいアイデアだった。

「だが、頼んでみよう」

私は提督に電話をかけた。

「訓練期間に寄港してまわる艦などないぞ」と彼は私に言った。

「なぜでしょうか？」

いつもの長い沈黙がまたあった。「そうだな」と彼は言った。

「じつのところ、もっともな理由はなさそうだ」

そして、われわれは海岸を航行し、メキシコのプエルトバジャルタやカボサンルーカス、サンフランシスコ、カナダのヴィクトリアに寄港し、自由を満喫した。

私の部下は天国にいた。そして、それは彼ら自身で手に入れたものだった。

IT'S YOUR SHIP

BY MICHAEL ABRASHOFF

7

「合理的なリスク」を恐れるな!

「失敗しない人」とは「何の挑戦もしていない人」だ

どんな組織も「危険を冒す人間」を好ましく思わないものだ。だが、**生きながらえ、強くあろうとする組織は、ときには失敗しても冒険をする人間を称え、昇進させるべきである。**

不幸なことに、組織はあやまちを犯さない人間ばかりを昇進させることがあまりにも多すぎる。しかし、あやまちを犯さない人々とは、組織を改善するようなことは何もしていない人々のことなのだ。

ベンフォルドの指揮をとることになったとき、私は埋もれている才能、活かされていないエネルギー、無限の潜在能力をそなえた三一〇名の男女からなる部下を預かることになった。私は、彼らにふさわしい艦長になろうと決意した。彼ら一人ひとりに挑戦の機会を与え、指示を待たず自分で考えて行動できる人材に育てることは、私に課せられた使命だった。

私は、自分が部下たちを労働者ではなく、パートナーにしたいと真剣に考えていることを声高に示したかったが、言葉だけでは何の影響も与えられない。これまで軍のトップたちは口を揃えて、いちばん大事なのは人材だと言ってきたが、その言葉を実行する者はほとんどいなかったのだ。私に必要だったのは**「うわべだけの言葉」ではなく「実例を伴った実行力」**だった。

ベンフォルドの指揮官になってまもなく、海上での給油という困難な作業に直面した際に、その機会が訪れた。

海軍の艦艇はつねに最低でもタンクに半分の量の燃料を残している（ベンフォルドのタンクの容量は約五〇〇万ガロンである）。こうすることで、緊急事態に対応できるようにしている。

たとえば、遭難船の救助を求められた場合には、給油基地に寄ることができないまま、長い距離を航行しなければならない可能性もあるのだ。タンクが半分になると給油することになっている。その作業を海上で行なうには高度な技術が必要で、アクションを映画のように手に汗を握る場面が展開されることになる。

海上での給油では、給油艦（海軍のタンカーで、約八〇〇〇万ガロンを積んでいる）と並んで航行しなければならない。両方の艦が平行に並んだまま、約一五ノット（時速二六・五キロ）を保って前進し続ける。

自分の艦を操って給油艦から四〇メートルほど離れた位置につけると、給油艦の乗組員から燃料ホースが渡される。ホースには張力がかけられていて、二つの艦が数メートル離れたり、近寄ったりしてもピンと張った状態を保つが、広大な海において数メートルという許容範囲はほんのわずかなものでしかない。

そのため、位置がずれすぎてホースを破損したり、互いに近づきすぎてホースを海水につけて引き裂いたりしないように、絶えず気を配ることになる。これがうまくいくと一時間半ほどで二〇〇万ガロンを送り込むことができる。

この作業はじつにおもしろいが、同時にきわめて危険でもある。海が荒れているときはとくにそうだ。二つの艦がぶつかって破損したり、爆発したりする危険もある。専門的な操舵技術が求められ、これまで積み上げてきた経験が試される。とにかく練習を積んで熟達すること、そしてこの作業を恐れないようにすることが重要だ。

私がベンフォルドの指揮をとり始めてすぐ、タンクの残りが半分以下になってしまった。そこで数日以内に海上での給油をすることにしたのだ。

その技術に熟達しているのは、ケビン・ヒルというベテランだけだった。彼の技術は抜きんでていたが、どんな艦や会社でも重要な手続きをたった一人の人間に任せることはできない。それでは会社全体が一個人の手にゆだねられることになり、その人が病気にかかったり、辞めてしまったりすれば、たちまち大混乱が起きてしまう。

現在の経費削減の流れの中で、多くの企業は一人にかける予算を切り詰めすぎて、重要な仕事に深くかかわっている人間を一人しか置かず、何か問題が起こったときの〝ゆとり〟を排除してしまっている。

私はこれこそが〝惨事の原因〟だと考えた。**目標は、あらゆる重要な業務でクロス・トレーニング（複数の仕事ができるように訓練すること）を実施すること**だった。そのため、この日はヒルに作業をさせないことに決め、他の者たちに学ばせようとした。

私は、当直の操舵指揮官（艦を「操舵指揮」する人間は、操舵員に艦の針路や速度を命じる）だったマーシャルに、海上で給油をしたことがあるかと尋ねた。

彼はうつむいて、「ありません」と答えた。その表情から、彼は私に「無能だ」と思われるのを恐れていることが容易に読み取れた。

しかし、彼には何の責任もない。問題なのは、彼がそれまでに学ぶ機会を与えられていなかったことで、責められるべきは上司だった。

「言われたことをやるだけ」の人間へ

次に、私は当直の士官だったオーリンに、同じ質問をした。彼も同様にうつむき、「ありません」と答えた。このとき、哀れなオーリンはクビになるのではないかと考えていたそうだ。

私はその二人の優秀な若い士官を見て、「じつは私も一度もないんだ。これから三人でやり方を学ぼう」と言った。二人はホッとした笑みを浮かべた（本当のところ、私は来たばかりのベンフォルドでは一度もやっていなかったが、別の艦ではそれまでに何百回も行なっていた）。私はヒルをそばに置いて、彼にその〝初心者〟たちを指導させた。

艦をタンカーの横へ移動させる間、マーシャルはびくびくしていた。舵を一度切るたび、速度を半ノット増すたびに私に許可を求めてくる。

だが、私は、言われたことをやるだけの人間など必要としていない。

上司が命令しか出さなければ、命令を言われたとおりにやるだけの部下しかいないことになる。必要なのは、自分で考えて行動する人間だ。

「おい、今はきみが艦長だ。許可など取らなくていい。責任をもって自分でやるんだ」

彼に必要だったのは、それだけだった。

私は問題が生じた場合にそなえて、横に立っていたが、まったく作業にはかかわらなかった。彼は完全に艦をコントロールし、すばらしい仕事をした。私は本当に誇らしかったし、彼の自信も一気に高まった。この経験により、マーシャルが人材としてどれほど成長したかを考えると、胸がいっぱいになる。

この一件から読み取れるメッセージは艦内を駆け抜けた。

「今度の艦長は言いなりになる人間を求めていない。求めているのは、自発的にもの

を考える人間だ」

それが、私の〝新しいスタイル〟を示す最初の機会であり、それを私は最大限に活かした。部下を信頼することは、私の指導法の本質であり、海上での給油は、この先にある改革の象徴となったのである。

だが正直に言えば、私自身、その給油を始めたときはおびえていた。心臓が飛び出しそうだったし、あやうく過呼吸になりかけるほどだった。

接近して、うまく給油艦の横につくと、私は胸をなでおろした。そして、無事に作業が終わるとマーシャルの手際のよさに感心し、思わず「おい、できたじゃないか！」と大声を出していた。

私自身、自分が冒したリスクが成功したことに興奮せずにいられなかったのだ。この方法でやっていける。部下たちは変わってくれる。

私が指導者として自分自身を信じ始めたのは、この給油の一件からだった。

部下に厳しい態度を取るべきときは

ベンフォルドで私が遭遇した最初の懲戒事件は、指揮官になってわずか三週間で起きた。若い部下が出航の前夜に遅くまで外出して寝坊し、出港に間に合わなかったのだ。われわれは彼を置いて出航した。彼の行動は重大な違反であり、艦の人員不足は危機に陥る原因となる。

そのとき、その若者は人生の重大な岐路に立たされた。今後、すぐれた乗組員になるために努力するか、ずっと仕事に順応できない人間のままか、どちらかだ。私は彼に対して大きな賭けに出るつもりでいた。

まず、私は、その違反を早急に処理しなければならなかった。サンディエゴにある自宅で待機していた彼に電話をし、提督に報告した上で、艦までヘリコプターで運んでもらうように命じた。

私はすべての部下たちに、自分が前任者とは違い、こうした事件を決定が下るまで何カ月間もそのままにしておいたりはしないということを示したかった。そこで、ヘリコプターが到着すると、われわれは艦内放送で彼の到着を告げ、彼に懲戒のための報告を行なうように命じた。

彼はまったく包み隠さず、誠実だった。遅くまで外出していて寝坊をし、心から申し訳なく思っていると言い、自分の行動に関するすべての責任から逃れず、罰を受け入れようとしていた。そこで彼に、「どんな罰を科されるのがふさわしいと思うか」と尋ねた。彼は覚悟を決めており、考えられる最大限の処罰を挙げた。

しかし、私が与えたのはその半分の処罰だった。その中には、三〇日間の外出禁止、三〇日間の追加任務、階級の格下げ、二カ月分の給与の半減などが含まれる。

そして、私は彼に仲間へのお詫びの手紙を書かせ、彼が仲間を失望させたこと、もし艦が緊急事態や戦闘で彼を必要としていたとしたら、大きな危機に陥ったことを認めさせた。

その後、彼はうまくやっていたのだが、しばらくしてまた問題が起こった。外出禁止の期間中に、故郷にいる母親に会うために休暇を取りたいと特別の申請を行なってきたのだ。母親が重い病気にかかっていて、大きな手術を受けたと言う。そのとき艦は六カ月間の任務に出る前だったので、もし外出禁止期間中の三〇日間に母親に会うことができないとしたら、次に会うには七カ月も待たなければならなかった。

この申請は反対の嵐にあった。彼は懲戒期間中であり、申請は海軍の規律のあらゆる面に反するものだった。仮にその申請を承認すれば、自分が部下に甘い人間だと知らしめることになりかねない。しかし、彼の訴えは理解できる……。

苦悩した結果、私は申請を承認した。その事情は特例を認めるに価するし、最近の彼の仕事への真剣さを考えれば、周囲に迷惑をかけた分を取り戻そうと、いっそう努力してくれるだろうと判断したのだ。

私は彼に七日間の休暇を与え、その週の分は彼が戻ったあとで外出禁止期間に加えることになった。彼は故郷に帰り、母親を訪ね、生まれかわった人間として戻ってきた。

彼はもう二度と、私や仲間たちを失望させまいと心に決め、仕事で最高の結果を出して報いるつもりでいた。

実際に彼はスキルを高め、「敵のデータを暗号化して艦から艦へ伝送するコンピュータシステムの監視」という重要な任務をこなすようになった。これは、非常に厳しい仕事の一つだったが、彼は艦内だけでなく、艦隊全体においても最高レベルのスキルを身につけた。私はその業績を高く評価して、いったん降格させていた彼を元の階級に戻した。

任務が終わるころ、彼は「できることなら航空管制官の養成学校に行きたい」と言った。それは並外れて厳しいところで、少なくとも半数は落伍する。入学の条件には、懲戒の記録がないことと、最低でも二等兵曹であることが含まれていて、彼はそれらの項目を満たしていなかったが、私は各方面に働きかけ、条件の免除を認めさせた。すると、なんと彼はクラスでトップの成績を修めて卒業し、私が知る最もすぐれた管制官になった。

その後、彼は海軍を去り、現在は自分が使いこなしていたソフトを製造する防衛関係の会社で働いている。その設計上の欠陥を解決する仕事をしているのだ。

今でも私たちはメールで連絡を取り合っていて、少し前に私が近くに寄ったときには、彼の父親も交えて一緒に朝食をとった。

自分が誰かの人生に前向きな影響を与えたことを知り、彼らがより大きな目標へと進んでいるのを目にすることほど、うれしいことはない。

こんな「本末転倒のルール」がまかり通ると……

ペルシャ湾の大半の港ではアルコールは手に入らないものだが、ドバイは違う。アラブ首長国連邦にある人口約一二〇万人の魅力的な都市は、ペルシャ湾でも数少ないアルコールの飲める港でもある。初めてそこを訪れたときの話だ。

指揮官用の車と運転手が用意されていて、まるでＶＩＰ待遇。市内を見てまわったり、ときおりビールを飲みに立ち寄ったりと、自由が満喫できる。その間にバスが私の部下をあちこちへと運んでいくのが目に入ると、彼らも楽しめているようだと目を細めていた。

しかし、それは大間違いだったのだ。艦に戻ろうとする一人の部下と会ったので、ドバイの印象はどうかと聞くと、なんと彼は「好きではありません」と言ったのだ。彼の仲間の部下もそうだった。こんなにすばらしい街が好きじゃないだって？

問題は輸送にあった。バスは六〇人乗りのおんぼろで、運転手も意地が悪く、部下たちが乗ったり降りたりしたくても、決められた場所以外では止まろうとしないのだと言う。海軍は、乗組員たちの移動はバスに限ると規定していた。どんなに不自由であっても、安全面の問題から、彼らは歩くこともタクシーに乗ることも許されていなかった。

それを知った私はただちにバスに乗るのをやめさせ、一〇人乗りのバンを二〇台借り上げた。すると、部下たちは運転手つきのバンで、ドバイ市内やその周辺のどこでも行きたい場所に行けるようになった。

だが、こうしたバンを借り上げることは、海軍の規則違反だ。昔、軍のある会計士が、乗組員たちが六〇人乗りの大型バスを利用するように義務づけたほうが経済的だろうと考え、バンの使用を禁止したらしい。だが私は、**経費は安全性や、部下たちの仕事ぶりとも釣り合わせなければならない**と考えた。

大型バスは不便なだけでなく、逆に、きわめて攻撃されやすい標的でもあった。もし一台でもテロリストに攻撃されれば、一瞬にして六〇人の部下が命を失うことになるかもしれないが、バンを分けて手配すれば、たとえ一台が攻撃されても、犠牲者は最悪でも一〇人ですむ。

単に自分の行動をもっともらしく正当化しようとしているのではない。現に、悲しい実例がある。サウジアラビア・リヤドの軍事施設がテロリストに爆破され、一九人の優秀なパイロットの命が奪われたときのショックは筆舌に尽くしがたいものとして記憶されていた。

当時、国防長官のもとで働いていた私は、その被害を視察し、爆弾が爆発した巨大なクレーターの中に立った。爆風が一人のパイロットを天井まで吹き飛ばしたと聞かされ、体がぶつかってできたそのへこみが生々しく残る寄宿舎の部屋も目にした。

われわれは何も口にしなかったが、その日は国防長官にとって最悪の日だったのかもしれない。そのとき、その場所で、私は、自分に命をゆだねている人々に決してこんなことを起こさせてはいけないと決意したのだ。

規則に反していようがいまいが、バンの手配はするべきだったのだ。にわかに部下たちはドバイを満喫しはじめたし、彼らがより安全に行動できるようになったことで、私もよく眠れるようになった。

さらに私は四人の人間を選び、部下たちが上陸期間を可能なかぎり楽しく過ごせるようにする責任を持つ「幹事役」を任命した。

幹事たちは地元紙をチェックして、ツアー中だったアメリカ人ラッパーのコンサートの広告を見つけ、部下五〇人がそのコンサートに出かけた。毎日、バンがドバイ市内を走り、部下を砂漠のサンド・スキー場や、水泳のできる山の湖や、ショッピングモールや、劇場や、ビーチや、レストランへと連れていった。市内にはメキシカン・レストランまであった。

さて、これでもまだドバイが嫌いな者などいるだろうか？

ベンフォルド以外の艦の乗組員たちだ。彼らはまだ大きなバスの中で揺られながら、ずっとドバイをうらめしそうに眺めていた。彼らの不満は指揮する中将の耳にまでおよんだ。

私と同様、中将はドバイをすばらしい自由の都市だと決めつけていたのだが、それは待遇の問題だった。運転手つきのセダンに乗った指揮官や将軍は、ドバイが大好きだったが、他の乗組員たちはそこを離れたくてしかたなかったのである。

われわれがポンコツのバスをやめてから何日もしないうちに、中将は車で市内をまわりながら、他の艦の乗組員たちからだけなぜ不満が出るのか考えていた。そんなとき彼の運転手が、中将にベンフォルドのバンに関する話をしたのだ。

中将はすぐさま側近に命じて、報告書を私に提出させるように命じた。はたして自分が怒られるのかほめられるのかわからなかったが、すべて白状しようと決め、ペルシャ湾の任務を、地獄から極楽に行くような旅行に変えた経緯を五ページにまとめた。

コンサート、ショッピング、レストラン、そして私が規律違反のバンを借り上げたいきさつまで、「ドバイを楽しむ方法」をまとめたガイドブックのできあがりだ。最後に、これまでの規則を変えるための協力も求めた。

驚いたことに、中将は私の要求に応えて、五ページからなる報告書をペルシャ湾のすべての艦に送り、さらにはこの報告書をもとに、軍の上層部はわざわざ空母に集まって会合を開き、どうすれば乗組員が上陸地で快適に過ごせるかを話し合ったそうだ。

私はペルシャ湾では、いちばん下級の指揮官だったが、誰もがベンフォルドの戦略を採用するようになったのだ。

その後、中将は太平洋艦隊全体を指揮する大将となり、そうして、海軍がバスの代わりにバンを借り上げることは正式に認められるようになった。

最高に楽しい〝見返り〟

その年の八月初め、われわれがサンディエゴの基地に向かって出発する二週間前に、私はシェイラーという部下に艦内へビール一〇〇ケースを積み込んで、しまっておくように命じた。彼はその命令にとまどいの表情を浮かべた。

海軍の艦艇でアルコールを口にすることは完全に禁じられており、それには当然の理由があった。つまり、航海上の教訓には、反乱や難破など、アルコールによって生じた惨事の物語があふれているのだ。

「艦長、ビール一〇〇ケースで何をなさろうというのですか?」

「さあね」と私は答えた。

「だが、チャンスが訪れたときのために、用意しておきたいんだ。ところで、いいビールにしてくれよ。きみたちに並以下のものは飲ませたくないからな」

その表情から、彼が私の計画にあまり乗り気でないのは明らかだった。一週間後、私がビールはどこにあるのかと尋ねると、シェイラーはまだ注文していないと答えた。

「どうしてだ？」

「お言葉ですが艦長、ビールを積み込むのはよくない考えだと思うからです。乗組員が困ったことになるのではと……」

部下というものは上司の考えに同意しないとき、間に合わなくなるまで行動を遅らせるものだと相場が決まっている。

「シェイラー」と私は穏やかに言った。

「私の艦にビールを一〇〇ケース積み込んでほしいんだ」

三日後、彼は副長まで連れてやってきて、私を説得しようとした。

「きみたちはわかっていない」と私は言った。

「私はこの艦にビールが欲しいと言ったのだ」

「説得の余地はないのですか？」

「どんな方法であれ、無理だ」

ただちに巨大なトレーラーがやってきて、ビール一〇〇ケースを積み込み始めた。

それらは厳重に保管し、カギは私が預かったが、私自身、いつそのビールを実際に飲めるのかはわからなかった。だが、しかるべき武器がなければ戦闘地域に入っていくことはできない——それこそ、ベンフォルドのモットーだ。つまり、つねにそなえよ、ということである。

一〇〇日間におよぶペルシャ湾でのすべての任務期間を終えようとしていたときにも、まだビールには触れていなかったので、私はその機会はやってこないかもしれないな……と考えはじめていた。

その翌日は大晦日で、そのとき敵に動きがあった。ベンフォルドはバーレーンの基地を出て、命令があった際にはイラクに向けてミサイルを発射できる位置につくように命じられた。私を含め、艦内の誰もがつらかったのは、他の艦はすべてバーレーンに残り、海軍基地で新年を祝う予定になっていたことだった。じつのところ、彼らはわれわれほどミサイル技術に熟達していないがために、出番がなかっただけなのだが。

さいわいにして危機が去ると、突然、バーレーン一帯に大雨が降り出した。われわれが海上で待機している間に、激しい嵐がバーレーンの市街地に五〇ミリの大雨を浴びせた。ほとんど雨が降らないバーレーンでは、排水設備が整備されていない。清潔とは言いがたい水が市内全域にあふれた。

それによって発電所が故障し、海軍基地は閉鎖されてしまった。他の艦のすべての乗組員たちは大晦日に、アルコールもなく艦内に閉じ込められることになったのである。

ベンフォルドは、希望するなら港に戻るようにと命じられた。しかし、私は意気揚々とバーレーンの領海外の投錨地《とうびょうち》に向かって針路を取り、シェイラーにビールを冷やすように命じた。

彼は困りはてた顔を見せ、こう言った。

「艦長、艦内でビールを出すことをおやめになるよう説得したく思います」

「シェイラー」と私は答えた。

「この艦内でビールを出すつもりなどないが」

「それでは何のために？」

「年越しのパーティを開いてビールを飲むが、この艦の上でではない」

投錨地に近づいていくと、幅一五メートル、長さ九〇メートルほどはあろうかと思われる、巨大な貨物船と出会った。私が船舶管理業者に手配させていたのだ。われわれはハシゴを使ってその貨物船に降り立った。少なくとも私の規則の解釈では、「艦ではないパーティ会場」に到着できたのだ。

その夜、他の艦の乗組員たちが艦の中に閉じ込められてアルコールのない大晦日を過ごしている間、私の部下たちは、ビールがあふれ、バーベキューの肉がジュージュー言い、音楽が鳴り響くパーティ会場で、〝当然の見返り〟としてにぎやかに盛り上がって新年を迎えた。足りなかったものと言えば、花火くらいだった。

ベンフォルド独自のやり方で新年を祝えたことに、多くの部下たちは「こんなにすばらしい年越しを過ごしたことはない」と言った。彼らが一緒にいたのは同僚というだけでなく、同志だったのだ。

私がみんなに感じていたのも、まさに同じ気持ちだった。

IT'S YOUR SHIP

BY MICHAEL ABRASHOFF

8

「いつものやり方」を捨てろ

マニュアルはすぐ腐る

海軍には「標準行動規定」というマニュアルがある。どのビジネスも同様だが、マニュアル通りに行動することが、結局は安全かつ、有効だと実証ずみなのだ。日常はこのマニュアルにしたがっていれば、困った状況に陥ることはまずない。

反面、ずば抜けた成果を得ることもほとんどない。そして、**あまりにも多くの場合において、このマニュアルはおよび腰な行動の原因となり、本当に重要なものを見えなくしてしまう。**

私もかつてはこのマニュアルにしばられて、つまらない官僚的な検査を受けたり、視察に訪れる要人に艦をよく見せるために、本当の優先事項から外れた行動を取らざるを得なかったりすることがあった。そうした努力はどれも、あらゆる状況において最大限の戦闘力を発揮するという、いちばん大事な本質とは合致しないのだ。

いつの世でも、革新や進歩を成し遂げるのは、マニュアルにとらわれず、リスクを冒す者たちだけだ。想像力を働かせつつ、現実に即して何が起こっているのかを考え、それと向き合う準備をしなくてはならないし、旧来の常識を打ち破る新しいシステムや、今までなかった問題に取り組む手法も探さなければならない。

もちろん簡単ではないのはわかっている。

私が初めてこの教訓を実感をもって学んだのは、まだベンフォルドの艦長になる前に、古い艦で戦闘システムを担当する士官だったときのことだった。

当時、まだ若かった私は、ペルシャ湾で任務にあたっていた。この艦の指揮官は、お高くとまった外交官の息子で、その下で働くのは大変だったが、私は目の前の任務に習熟しようとベストを尽くしていた。

そこで私はついに実戦の機会に遭遇したのである。

その運命の日の早朝四時三〇分、艦内に突然、総員配置警報が鳴り響いた。ベッドから飛び出し、眠い目をこすりながら自分の持ち場に駆けていってレーダースクリーンをのぞくと、二一機のジェット戦闘機がこちらに向かっているではないか。

まず頭をよぎった言葉は、「なんてこった!」だった。そして「遺書は書いてあるし、生命保険料も支払ってある」という言葉がそのあとに続いた。

さらに驚くべきことは、次に起こった。なんと近くにいた指揮官が私に、「どうすればいい？」と尋ねたのである！

私はまったく信じられない思いで相手を見た。私はその指揮官の指示で動くのだから、それはこっちのセリフだ。

とにもかくにも深呼吸をし、ジェット機は約一九〇キロメートル先にいて、われわれのミサイルの最大射程距離は約一八五キロメートルであると告げた。命中精度も考えると、ジェット機が一三〇キロメートルにまで近づいた時点で発射するべきだと考えた。だが、一つだけ大きな問題があった。

われわれは、そのジェット機の正体を把握していなかったのである。しかし、イラク方面から近づいてきており、その地域に同盟国はなかったので、敵であるとみなすしかなかった。

その後の数分間は、緊迫したというだけではとてもすまない時間だった。ジェット機はますます近づいてくる。一三一キロメートルにまで接近したとき、まさに私はミサイルの一斉発射を行なう準備をしていた。するとジェット機は右に急旋回し、離れていったのである。

私の安堵の溜息は、遠く離れた機関室にまで聞こえたのではないだろうか。数時間後、海軍の情報部が、あのジェット機はやはり逃亡中のイラク空軍であったことを知らせてきた。

それから数週間、われわれは不安なときを過ごした。われわれの他に、アメリカや同盟国の部隊は近くにほとんどいなかったのだ。

やがて、援軍が到着し始め、最終的にアメリカはイラクに対し勝利を収める。だが当初、戦闘能力を持っていたのはわれわれだけだったわけだし、もし、あのままジェット機が近づいてきて交戦していたらと思うと、今も背筋が凍りつく。いかにわれわれは戦闘の準備ができていなかったかということを、深く考えさせられた事件だった。

その原因はどこにあったのか。本来求められている戦闘への準備をおろそかにし、義務的に視察にやってくる軍トップの応対に、あまりにも多くの時間と精力を費やしすぎていたことだ。

私はそのとき、もし将来、艦の指揮官になることがあったら、仕事の優先順位を間違ってはならないと自らに誓った。しかるべき戦闘力がなければ、部下たちが命を落としかねない以上、それを最優先しよう。

もし、われわれがこの日に死傷者を出していたなら、私は戦闘にそなえるために日ごろから全力を尽くしていなかったことを、死ぬまで悔やんだだろう。当時は下級士官にすぎなかった私だったが、それでも訓練をより実践的なものにしたり、部下にもっと刺激を与えるように提言したりすることもできたはずだった。それをしなかったのは、人をまとめる立場にある者として重大な怠慢だった。

企業で働く人たちにも、このエピソードから学んでほしい。**日ごろから、自分たちの仕事において「いちばん大事なこと」をおろそかにしないこと。**当たり前のことだが、雑事に追われるうちに、見失ってしまうものなのだ。


あの日、接近してくるジェット機を見守りながら、私は目覚めた。その日から、自分が指揮をとる艦は戦う力をそなえ、いつでも態勢が整い、意欲があり、尊敬されるべき人材が乗り込んだ艦にしようと心に決めた。

そして、余計なことに気を散らすまい、絶えず「起こり得る」状況に対する計画を立てるようにしようと考えた。

敵の戦闘機が民間機用の航空路を飛び、突然われわれのほうに向きを変えて、攻撃してきそうになったら？

港でテロリストの船が、われわれを攻撃しようとしたら？

艦内で大火災が発生したら？

――戦いにおいては、初動が成否や生死を分けることが多い。経験をしてからでは遅いこともある。だからこそ、他者の成功や失敗を自らの状況に当てはめ、それらから学ぶことも必要だ。

最も困難なシナリオに対するそなえができれば、不測の事態があっても、臨機応変に対応できる。それは企業の危機管理でも同じである。

「スピード」ばかりに気を取られるな

あらかじめ準備をしていたちょっとした計画一つで、ライバルに対して大きく優位に立てることがある。

たとえば、ベンフォルドが二隻の艦と合同で重要な演習を行なったときのことだ。われわれは縦一列になり、偽物のミサイルを自分たちのミサイルで撃墜することで、射撃能力を示すように求められていた。航空機から発射される偽ミサイルは、きわめて小さな標的だ。それぞれの艦はその標的がどこから飛んでくるのかを即時に判断し、自分たちが破壊されないうちに、それを二発のミサイルで撃ち落とさなければならなかった。

われわれは他の艦をしのぎたかったし、このときはそうした気持ちがいつもより強かった。なぜなら、一隻はベンフォルドと同時期に同じ造船所でつくられた姉妹艦であり、もう一隻は艦隊で最も長いキャリアを持つ人物が艦長だったからである。仲間同士の競争であっても、どうしても勝ちたいと考えるのが自然なことだったことはおわかりだろう。

いよいよ二日間の演習が始まった。まず初日は、実際の射撃を行なわずに、標的を発見し、いち早く報告するという通信任務である。そしてベンフォルドが最初に標的を発見し、最初にすべての報告を行なった。第一ラウンドは、わがベンフォルドの勝ちである。

私は、第一ラウンドでベンフォルドに負けたことで先輩の艦長が腹を立てているだろうと予想した。そして、二日目の実際の砲撃演習では負けを取り返すべく、彼は部下に、標的の偽ミサイルに対してどの艦よりも早くミサイルを発射しろと命じるはずだ。しかし私は、きっと標的は、最初に飛んできたミサイルを回避するようにプログラムされているに違いない、と考えた。つまり、最初に発射すると標的を外しやすいのではないか……。

「最初に発射するな」と私は部下に命じた。

「正確性のほうが重要だ。明日われわれにとって重要なことは、誰が命中させたかであって、誰が最初に発射したかではない。とにかく冷静になって、二発とも命中させるようにしろ」

私が予期した通り、先輩艦長の艦は標的を発見するなり一発発射したが、標的はすぐさま回避した。一方、もう一隻のライバルである姉妹艦はミサイルを二発とも発射し、どちらも外れた。彼らのチャンスは終わった。その後、冷静に狙いを定めたベンフォルドがミサイルを放った。

そして先輩艦長の船は、二発目のミサイルを発射することはなかった。なぜなら、ベンフォルドがたて続けに二発を直撃させたからである。

部下がどれだけ準備できているか、どれだけ働けるかは、上司がどれだけうまく状況を読めるかにかかっている。

ここいちばんでの「電話1本」が効く

かつて国防長官に随行したとき、衛星テレビ・システムを装備した艦を訪問したことがあった。その艦の乗組員たちはリアルタイムで世界中のニュースを見ている。私がそれまでに目にした中でも最高の艦の一つだった。

そのあとでテレビのない別の艦に乗ると、その違いは著しかった。最初の艦の乗組員は、彼らの生死に影響をおよぼしかねない情報についてさまざまなことを知っていたが、もう一方はまったく何も知らない。

この世界では情報を持つ者が勝つ。持たない者は消えていくしかない。

当時、この衛星テレビの最新システムは空母にしか装備されていなかった。海軍の三〇〇隻の艦艇のうち、わずか一二隻である。国防長官は私に、海軍長官にあてて、艦艇に衛星テレビを設置するように指示する提案書を書くように命じた。私はその提案書を送る前に海軍の予算局の士官と話をして、こうしたことになりそうなので、それに対する予算を立て始めたほうがよいだろうと、こっそり知らせておくことにした。

予算局の士官は言った。

「いくら国防長官の署名のある提案書だとしても、そんな資金はないし、われわれの優先事項のリストにも入っていないから、きっと無理でしょう」

国防長官にその提案書に署名してもらい、それを海軍長官に送ったが、海軍長官にはほとんど任期が残されておらず、何もアクションを起こさないことはわかっていた。私はがっかりして、それについて考えることをやめた。それは果たせない目標だったのだ。

しかし、この話には続きがある。ベンフォルドがちょうどペルシャ湾に到着したときだった。私の部下の一人が司令部から戻ってきた。彼の報告によると、三隻の艦を海上で衛星テレビが受信できるようにするという新しい計画があるという。

何もしてくれないと思っていた海軍長官は、動いていたのだ。

私は部下に国防総省に電話させ、その装置が設置される予定の三隻の艦の名前を聞き出させた。その答えを聞いて、私はあやうく椅子から転げ落ちそうになった。ベンフォルドは入っていなかったのである。

そこで、私はその計画を扱っている海軍の指揮官に直接電話をかけた。その指揮官は、提案書を書いたのが私だということを知ると、ベンフォルドをその装備を設置する艦艇のリストのいちばん上に載せた。

翌日、衛星テレビ受像機がペルシャ湾にいたわれわれのもとに送られてきた。ベンフォルドは、二隻の空母を除いて、ペルシャ湾で唯一衛星テレビを持つ艦となったのである。

われわれは艦にとって重要な情報に満ちたニュースだけでなく、スポーツ、さらには連続コメディーまで観ることができるようになった。部下たちも大いに盛り上がった。

たかがテレビとあなどることなかれ。海の上で退屈しないということは、仕事に向けるモチベーションに大きな影響を与えるのだ。

もし、私がマニュアルの中だけで立ち止まり、「決まったことだから」と、その計画を担当する海軍の指揮官に電話をかけていなかったら、その衛星システムを手に入れることはできなかったはずだ。**しつこく食い下がり、手間を惜しまず根まわしをした努力が、「改革」を起こすことができる。**

その装備は今では海軍のすべての艦に設置されつつあり、長期間の海上での任務に就いている艦の実績はもちろん、士気も驚くほど向上してきている。

誰もが〝役に立てる〟チームづくり

部下一人ひとりとの面接で聞きだしたアイデアを実行に移していくと、艦の活力は目に見えて高まり出した。業績は急激に上昇し、私はリーダーとしての自分に自信を持ち始めていた。

そんなある日、そんな私のうぬぼれがたちまちぺしゃんこになる〝事件〟が起きた。

その日、私は一九歳のある部下にベンフォルドに対する印象を尋ねた。すると、彼は艦のことが好きではなく、なるべく早く海軍をやめたいと言ったのである。その言葉に私は愕然となった。

どうしてこの艦を嫌がる者がいるのか？　私がこれほどしているのに？

だが、私は平静を装って「きみは優秀な電子技術者だから、海軍をやめたら電子工学の分野で仕事が見つかるように協力しよう」と言った。すると彼は、電子工学は嫌いだし、それにかかわるつもりはないと言う。そこで「本当にしたいこととは何か」と聞くと、「社会福祉に携わりたいのです」と答えた。

私は彼の言う分野のことをよく知りもしないのに、せせら笑い、「それじゃお金にもならんだろう」と告げた。そして、技術者としてなら年収六万ドルから八万ドルの仕事を見つけてやることもできると。

そのとき、この十代の若者が返した答えを、私は一生忘れられない。

彼は、自分はずっと孤児院を出たり入ったりしてきたが、自分が体験してきたようなことを、他の子供たちが体験しなくてすむように何か協力したい、それを仕事にしたいのだと語ったのである。

私は愚かな自分をどこまでも恥じた。**自分の年齢の半分にも満たない人間に、基本**

的な価値観を正されたのだ。

私はこの体験に動揺し、一週間ほど考え続けた。そして、明白な答えがついに出た。「彼の希望は、将来ではなく、今すぐかなえられるべきではないか」と。

私は彼を呼び、サンディエゴの基地に戻ったらすぐベンフォルドの乗組員たちが役に立てる福祉活動を探してほしいと伝えた。

艦がサンディエゴに戻ると、彼は一週間かけて援助を希望する学校を見つけてきた。そして、私は彼に、その学校が必要としていることを見つけ、なるべく多くの乗組員を集めるように命じた。彼は、乗組員の中から四〇人の有志を募り、まずは建物のペンキ塗りを行なった。また放課後に小学生たちの相談を受けたり、本を読んで聞かせたり、算数の問題を手伝ったりするようになった。

この活動のすべては彼に任せられていた。彼は海上任務からサンディエゴの基地に戻るたび、乗組員を集め、子供たちの個別指導やスポーツのコーチなど、必要とされる役割を見事に振り分け、差配していた。

活動はさらに拡大した。どこでも外国の港に立ち寄ったときは、自分たちが少しでも役に立てる孤児院や病院を見つけ、四〇人から五〇人の部下たちが出かけていった。

ベンフォルドは、目立った功績を一つだけ選び出すことができないくらい、じつに多くの貢献をしてきたが、私にとって最も印象的だったのは、艦内に生み出した「奉仕の精神」だった。大半が恵まれない環境の出身である若者たちが、義務でなく自分から望んで、他者のために自分をひたむきに捧げる姿は、心からの敬意に値する。

社会貢献に関して、政府はさまざまな計画を実行し、多くの人々を援助してはいるが、万人向けの画一的な計画というのは、誰にもぴったりと合うわけではない。当事者それぞれの事情に対応できるのは、もっと近い地域社会だけだ。

私は、企業もそうした部分も引き受けなければならないと考える。それは士気にもよい影響を与えるし、評判も高めるし、精神的にもプラスに働く。

必要性が存在し、それを満たすことは、すべての人間のためになるのだ。

〝懸命に〟働くな、〝賢明に〟働け！

あるときベンフォルドは九週間の定期整備のために民間の造船所に入った。

さまざまな装備をいったん外して、分解修理をするのである。この一連の流れはまったく問題なく進むはずだったのだが、その手順がめちゃくちゃだった。

たとえば、塗装担当の係員が通路をピカピカに塗り替える。しかし、翌日には、クレーンの巻き上げ係が装備を引きずってその通路を傷つけたり、電気工がワイヤーを下まで送るために、やすりをかけたばかりの甲板に穴をあけてしまったり……。

当然、造船所にはこうした作業を熟知した賢明な管理者が大勢いるだろうと考える人もいるだろうが、現実は違った。

それを見て私は、自分の「最も頼りになるスタッフ」の一人となっていたジェリー・オーリンに相談した。

「もっとうまくやれるはずだ」と私は言った。

「造船所の作業を手伝おう。作業を綿密に計画して、何もやり直さずにすみ、計画全体が予定通りか、それよりも早く終わるような方法を彼らに教えてやろう」

簡単なことではなかったが、オーリンはさまざまな人の協力と、データベースの力を借りて、その九週間の分解修理・整備の手順を管理するコンピュータシステムをつくり上げた。私は部下の半分をさまざまな訓練のための学校に送っていたので、造船所の手伝いは、少ない労働力で行なわざるを得なかった。しかし、そのシステムを採り入れたおかげで、作業は当初予定されていた九週間ではなく、七週間で終えるという、想像だにしなかった結果となった。

私は、すぐさまベンフォルドを海軍基地の埠頭に戻す許可を海軍上層部に求めた。その返答は、もう想像がつくだろう。「ノー」だった。

その理由は、まさしく官僚的思考の典型だった。「九週間そこに滞在させるという契約をしたのだから、きみたちは九週間そこにいなければならない」と言う。

「われわれは、たとえきみたちがいなくても、九週間分この造船所に一日あたり一万ドル（約一〇〇万円）の使用料を支払う。それは契約書に書いてある。本気で一日一万ドルを無駄にさせたいのか？」

私は、二週間も艦や部下を放っておくくらいなら、その一四万ドル（約一四〇〇万円）を支払ってもいいから、ベンフォルドを埠頭に戻し、航行できる態勢にするほうが理にかなっていると強硬に主張した。ついに上層部が折れて、われわれは予定よりも二週間早く造船所を離れることになった。

その後、決算の数字が届いた。九週間分の予算は三〇〇万ドル（約三億円）だったが、われわれが使ったのは、約二二〇万ドル（約二億二〇〇〇万円）だった。つまり、約八〇万ドル（約八〇〇〇万円）も削減したのである。それは造船所を早く去ったために無駄にした一四万ドルよりもはるかに多かった。

お役所の計画が、問題なく予算内で予定よりも早くすんだのは、いつ以来だろうか？

さらには、他の艦とは違って、われわれは造船所からしみ一つつけずにベンフォルドを持ち帰った。オーリンたちがつくったコンピュータ化されたシステムは、清掃と塗装までをも考慮に入れていたのだ。

造船所の社長は、「それはすべて丁寧で几帳面な造船所の労働者のおかげだ」と鼻高々だったが、そのことで言い争うつもりはなかった。

われわれは他の者たちより懸命に働いたわけではなかった。賢明に働いたのだ。

私は、艦に発生した機械故障に取り組む際にも、これと同様の原理を適用した。ベンフォルドを含めて、昨今の艦は大量の電力を必要とする。それはガスタービン発電機によって得られている。二台の発電機で艦は稼動し、緊急用がもう一台装備されている。このうちメインの発電機が短期間で二台とも壊れてしまったのである。発電機はジェット・エンジンのように非常に高速で作動するため、冷却するメカニズムが重要だ。

それは、潤滑油のタンク内にある金属製の管に海水を流して熱交換を行なうというしくみになっている。発電機は一台で一五〇〇万ドル（約一億五〇〇〇万円）以上するが、ある設計者がタンク内の管に安価な金属を使って価格を抑えることにした。その結果、安物の管が腐食して亀裂が入り、潤滑油に海水が混じって、モーターが壊れてしまったのだ。

二台の発電機を失ったベンフォルドがよろよろと港に戻ると、私は入念な調査を開始した。すると同様の故障が私の艦だけでなく、約六〇件も起きていたことが見つかった。私は上司である中将に、その設計を見直すべきだという報告を行なった。

これにより、中将は粗悪品の発電機に六〇〇〇万ドル（約六〇億円）を費やしたこと、そして、組織の手続上すぐに取り替えられないために、海軍が戦闘能力を失いつつあることをようやく知ることになった。

確実な解決策は、問題の管をより頑丈な合金に取り替えることだった。だが、それまでの海軍のやり方からすると、そのために必要な調査から承認まで、一年以上かかることがわかっていた。私の船では緊急用の発電機一台しか動いていなかったので、そんな茶番につき合っているヒマはなく、すぐに修理しなければならなかった。

私はすぐに二台の壊れた冷却装置の片方を地元の機械工場に持っていき、そこでより頑丈な合金の管を取りつけさせた。その装置を試すとうまく作動したので、もう一方も同様の修理をした。その冷却装置は現在でも動いている。

組織やシステムに何か悪い傾向が広まっているのを目にしたときは、ときには大声で叫び、わめいて、人々がそれに注意を払うようにする必要がある。

今回、私は発電機の故障について知らせることで、海軍全体の大きな問題に中将の目が向くように仕向け、その間に自分で主導権を取って、艦の修理をすませることができた。

マニュアルにしたがっているだけなら、そのどれ一つとして行なえなかったのだ。

がんじがらめの規則を、逆に貪欲に利用する

海軍の規則では、外国で寄港した際に、若い乗組員に自由行動を認めないことになっている。上層部は、こうした若者たちは、外国の陸地に足を踏み入れたとたんに何か問題を起こすと決めてかかっていたのである。

海軍はすばらしい国々――オーストラリア、日本、シンガポール、タイ――を訪れる機会に恵まれ、部下たちはその土地を目にしたがった。何しろ、入隊者募集のポスターには「世界中を見られる」と約束してあるのだ。だが、彼らは精神的に未熟なので誘惑には逆らえない、と上層部は考えていた。

上層部は彼らに、戦いでは命を賭けるように求めているにもかかわらず、ふだんは子供扱いしている。こうした規則はバカげているし、侮辱的でもある。

軍の上層部が、上陸許可期間を最小にするという狡猾《こうかつ》なねらいで、忍耐の限界を超える計画を立案した。「ＥＳＷＳ」と呼ばれる非常に難しい資格の取得を、寄港地で

自由に過ごせるための条件としたのである。

ＥＳＷＳとは、乗組員に自分の専門以外の訓練を行なわせ、艦全体の機能を学び、他の部署の任務も詳しく理解させるというものだった。この資格を持たないかぎり、二一歳未満の者は外国の港で夜一二時以降、陸上にいられないことにしたのだ。

そのアイデアが乗組員に資格を獲得させようとするためのものであったならば、それもすばらしい方針だったかもしれない。だが、その命令の言いまわしは、明らかにそれが乗組員たちから上陸の権利を奪うことを意図しているという印象を受けた。

しかし、この資格自体は持っていて損がないものだった。

かつて、ある戦艦が爆破されたとき、その艦の乗組員が艦のしくみをよく理解していたために、臨機応変に自分の専門分野以外の仕事もこなし、沈没を免れたという出来事があった。

これは、営業担当者が財務、マーケティング、製品開発、人事といった、会社のすべての構造を理解しているようなものだ。

私は、今回のバカげた計画を変えられないとしても、それをわれわれ自身の向上のために利用することはできると考えた。それによって彼らは寄港地で自由を得られるし、さらに重要なこととして、艦の戦闘力も高まるのだ。

私の前任者のころには、ほとんどＥＳＷＳに合格した者がいなかったので、部下たちは実現不可能なものとみなして挑戦しようという者もいなかった。じつのところＥＳＷＳプログラムはひどく難しく、私自身も合格できるか自信がなかった。

しかし、私はその認識を変えたいと思った。**「とにかく勉強しろ」と押しつけるよりも、少しでも部下が「自分のためになる」と思って積極的に取り組んでくれるような、モチベーションが必要**だった。

そして、ＥＳＷＳプログラムとは、基本的には、艦全体の仕事をおぼえることで、彼らを艦の「案内役」にすることなのだと、ふと思い当たった。

すぐれた案内役は、エンジンや発電機や兵器システムがいかに動くか、また航空機の制御方法、錨のしくみなど、多くのことを説明できる。私はすべての部下たちを集めて、ＥＳＷＳが訪問客に艦内を紹介する方法を学ぶよい手段であることを説明した。訪問客を案内できるということは、要人と接する機会を持てることを意味する。そういった表現で定義すると、部下たちはやる気を見せた。

「いいか、われわれにはできる。その上、昇進の役にも立つぞ」

海軍大将も驚いた「大胆な決断」

艦のほとんどすべての乗組員が、ＥＳＷＳのプログラムに参加した。そして、その次の航海訓練での最初の寄港地バーレーンに到着するまでに、最初の合格者を出すことができた。まだ二〇歳のジョゼフ・コットン機関兵で、自分の偉業が大きな自信になったようだった。

まもなくわれわれは、海軍で中東部隊すべてを指揮しているアンソニー・ジーニ大将がわれわれの艦を視察したがっているという伝言を受けた。何という幸運な偶然だろう。さっそくわが艦に誕生した新しい〝案内役〟の出番がやってきたのだ。

私はすべての部下をフライトデッキに集めて到着を待ちかまえ、いよいよジーニ大将が大勢の補佐官らとともに乗艦した。私は大将に、コットン機関兵にＥＳＷＳのバッジの授与を行なってもらえないかと頼んだ。彼は喜んで引き受けてくれた。

その儀式が終わると、「それでは、閣下」と私は続けて切り出した。

「艦の視察を始めましょう」

「案内を頼む」と大将は言った。

「閣下。今日は、コットン機関兵がご案内します」

「今、何と言った？」

「コットン機関兵がお相手いたします」

大将はじっと目を開いたまま立ち尽くし、私の真意を探った。彼の海軍における絶対的地位を示す四つ星のバッジが太陽の光にきらめいた。大将とコットンは軍隊の賃金表で見れば両端にいる。

「閣下」と私は言った。

「私はコットン機関兵にこの上ない信頼を抱いております。彼は私と同じくらい艦のことを知っています」

大将は困った表情を浮かべたが、私に押し切られ、コットンの案内で視察を始めると、すぐにその不安は消え去ってしまったようだった。

この二〇歳の若者は、あわてたり、せりふを忘れたりせず、平然と、じつに見事に艦の案内役を果たしたのである。大将は大いに喜び、この試みは大成功に終わった。

その晩、大将は、海軍の舞踏会でリーダーシップについてのスピーチを行なうことになっていた。のちに聞いた話では、車でその舞踏会に向かっている途中、大将はすでにでき上がっていたスピーチの草稿を破棄し、別のメモをつくった。新しい話はベンフォルドのリーダーシップが中心で、とりわけ、われわれがいかに若い部下たちに権限を与えて、大きな責任を引き受けさせているかということが述べられた。

大将のスピーチは、ベンフォルドにとって最高の宣伝となった。われわれは、ペルシャ湾における主力艦としての評判を獲得し始めたのである。

それ以来、私がいかにＥＳＷＳプログラムに対して真剣であるかを目にした部下たちの熱意は、さらに強まることになった。ほどなく三一〇人の部下のうちの約二〇〇人に資格が与えられ、そうした乗組員たちはみなバッジを身につけることに高い誇りを持っていたし、私も、艦全体を理解し、艦の戦力を高めていく部下たちを誇らしく思った。

二〇〇人の部下たちもＥＳＷＳのバッジを身につけることに達成感を得ただけでなく、そうしていなければ得られなかった自由も手に入れた。

IT'S YOUR SHIP
BY MICHAEL ABRASHOFF

9

あなたはまだ、部下をほめ足りない!

「カード1枚」のすごい力

ほめ言葉の力を知らない上司というのは、お粗末な上司である。称賛は懲罰よりもはるかに生産的である——これほど明白なことはないが、この事実を口先だけでなく、実行している上司がどれだけいるだろうか？　どれだけの上司が日常的な方法論としてこれを実践しているだろうか？

私は、部下を訓練するとき威張りちらしていた軍曹を任務から外したことがある。ベンフォルドの指揮に必要なのは知能や意欲であって、腕力ではない。組織の複雑な事柄を処理してその任務を果たせるのは、有能で自信にあふれた部下だけだ。**恐怖によって支配したり、子供を叱るときのように罰したりしても、部下がやる気を出すことはない。**

私の仕事は、部下を、艦に名を残したエドワード・ベンフォルドが誇らしく思うような、「大人」にすることだった。

部下たちはそれぞれ違った性格や過去を持つ。なかには、家庭でないがしろにされたり、学校でいじめられたりといった、過去の重荷を背負っている者もいたし、誰でも多少の悩みや不安を抱えていた。

その重荷を増やすことも減らすこともできたが、どちらが正しい選択かは明白だった。私は部下をズタズタにしてロボットに変えてしまうのではなく、私が彼らのことを頼りにし、信じていることを示そうと思った。

それは決して特別なことではない。とにかく部下の気持ちや潜在能力に注意を払うことだ。**ささいに思えるような意思表示を見逃さず、コミュニケーションを重ねることで、親密で協力的な雰囲気が生まれる**のだ。

たとえば、私は、「ベンフォルドの士官および乗組員より、お誕生日おめでとうございます」という言葉が印刷されたカードを大量に注文した。そして、部下たちの配偶者の誕生日のリストを手に入れ、直筆のメッセージを書き添えて、そのカードを送った。たとえば「メアリー様」と最初に書き、最後に「親愛を込めて、艦長のマイケルより」と署名した。

どのカードにも、たとえ少々大げさだとしても、「あなたのパートナーはすばらしい仕事をしています」と書いた。すると、部下たちがよく礼の言葉を言いに艦長室に立ち寄るようになったので、私はそのカードが奏効していることがわかった。そうすることで、私は部下たちの家族をわれわれの仲間に加えたのだ。

ベンフォルドの姉妹艦の指揮官は、そのアイデアを大いに気に入って、すぐさま自分の副長に対し、すべての部下の配偶者にあてて誕生日カードを送るように命じた。当然ながら、彼はカードをしかるべきとき――その配偶者の誕生日――に送るつもりだった。

翌日、一年分のカードが同じ日に一つの巨大な束にして発送された。

彼の無念が目に浮かぶが、この出来事はその艦の実情を見事に表わしていた。士官たちは能力的には優秀だが配慮にかけ、ときどき狙い通りに物事が行なわれないことがあった。

ベンフォルドの士官はそうではなかった。結局、それこそ、われわれの強みだったのだ。

若い部下たちの中には貧しい家庭の出身だったり、苦労して海軍に入ってきたりした者たちもいた。私は彼らの親の身になって、自分の子供が指揮官から認められているというメッセージを受け取ったら、どんなにうれしいかと想像してカードを送った。

さらに、とくに部下たちが本当にほめるに値することをしたときには、彼らの親に手紙も書くようになった。


たとえば、エリートとは言いがたかった若い部下が、四人の優秀な同僚たちとプロジェクトに懸命に取り組んでいた。彼の努力に感心し、私は彼の親に手紙を書いた。二週間後、その部下が涙を流しながら、私の部屋のドアをノックした。

「どうしたんだ」と私は尋ねた。

「ずっと関係がうまくいっていなかった父から、たった今電話があったのです。艦長からの手紙を読んだ、お前におめでとうと言いたい、と言うのです。そして、私のことを誇りに思うと言ってくれました。父が本当に私のことをほめてくれたのは、生まれて初めてです。艦長、なんとお礼を言っていいか、わかりません」

私は涙をなんとかこらえたが、とても心を動かされた。

また、**私の士官たちは、彼らの部下の力を引き出す〝道具〟として私を〝利用〟できることをよく知っていた。**彼らはためらうことなく私の部屋のドアをノックし、「艦長、スミスがあのデータベースの処理をじつにうまくやりましたよ」とか、「ジョーンズが洗濯室でじつに丁寧でいい仕事をしています。ちょっと立ち寄って、大いにほめてやってもらえませんか？」などと言った。

こうした会話は私にとっていちばんうれしいもので、私が懸命な仕事ぶりを認めるたびに、彼らはさらに熱を入れて働いた。**前向きで、直接的な励ましこそが効果的なリーダーシップの本質**なのだと、私は確信している。

だが、なかにはメールで連絡を取ってはいるが、じかに話し合うということをしない上司がいる。メールで連絡を取るのは手軽だが、効果ははるかに小さい。じかに顔を合わせる関係よりも、より抽象的なやりとりが行なわれることが多いネットワークの世界においては、社会的な相互関係が失われつつある。それは重大なあやまちである。

自分の上司に「すばらしい仕事ができたな」と告げられたときの気持ちを思い出してみてほしい。自分の部下を大事にしよう。もし可能なら、直接話し、自分の気持ちを率直に伝える。

冷淡な態度は心を凍らせる。温かい態度は心を癒す。ささいなことが大きな成功を生み出すのである。

人手が足りないときに、どう手を打ち、結果を出すか

海軍のすべての艦は一年に一度、徹底的な査定を受け、外部の調査官に艦の戦闘力を確認される。艦全体と乗組員の能力および熟練度について、二四の部門に分けられ、基礎的なレベル一から高度なレベル四までの四段階で評価されるのである。

その目的は、その艦の弱点はどこか、それを補うためにどのような訓練を〝追加〟すべきかを判断することにある。艦のレベルが高くても、相対的に成績が悪い分野を必ず指摘されるのだ。そして、評価に関係なく、すべての艦はその後、六カ月間海上で訓練を行なわなければならなかった。

そのため、レベル四を達成しようと駆り立てるものは何もなく、実際に達成した艦

もなかった。必要最低限のレベル一さえあればよく、それ以上の成果を上げても無駄だと考えられていた。

ここでもベンフォルドが新風を吹き込む。

私の当初の目標は、全体の評価でレベル二を達成することだったが、部下たちの潜在能力の高さを知って、そのハードルをレベル三に上げた。

艦をできるかぎりすぐれたものにしたいという〝表の動機〟だけでなく、自分のライバルに目にものを見せてやりたいと考えていたことも認めなくてはならない。

われわれの最初の課題は、査定される二四の部門を管理する責任者を一人ずつ選出することだった。ところが、艦内にいる適格者はさまざまな任務をかけ持ちしており、別の重要な作業にかかわっていない者は今二〇人しかいないと、戦闘システム担当者は言う。すぐさま考えて、私は言った。

「わかった——足りない分の四人は、その下のグループから選べ。上級者でなくてもかまわない。若い乗組員でもいいから探すように」

「そんな前例はありません」と彼は言った。

「前例は関係ない、彼らに何ができるかを調べるんだ」と私は言った。

「そうでもしなければ、何もしないのと同じだ。いいか？　上級者には最も困難な部門の仕事をしてもらって、比較的やさしい部門では下級の者たちにもこの仕事を割当てていこう。どこかの部門でレベル三を取れなくてもかまわない。レベル一か二は取れるだろう。われわれには失うものなどないのだ」

結局、下位グループから選ばれた部下たちは、抜擢されたことに大きな誇りを感じて懸命に働き、いくつかのチームは上級者が監督するチームをしのいでみせた。

外部の調査官は、士官が指揮していないようなチームの仕事を調べるわけにはいかないと抗議した。だが、実際にその若い部下があまりにも見事な仕事をやってのけたので、調査官は前言を取り消して公正に審査し、その部門でもわれわれにレベル四を与えた。

階層化されたシステムにとらわれず、自分たちのために働いている部下たち、とりわけ組織の下のほうに位置する部下たちを信頼したことは、いい変化をもたらした。**重要な仕事を任せることによって部下たちの才能を引き出し、誰も予期しなかったようなレベルにまで到達した**のだ。

ベンフォルドの信じがたい好成績に対する称賛が、ある艦にも伝わった。その艦長は危機感を持ち、自分たちもレベル四を目指すようにと大号令を発した。

だが、成績というものは「命令」して達成できるものではない。計画し、権限を与え、養成し、集中しなければならない。当然、その艦の評価はレベル一に終わった。

四カ月後、海軍の上層部がある決定を行なった。この一連の評価プロセスを合理化し、ベンフォルドがやり遂げたのと同様のレベルの成績を収めれば、六カ月間の海上訓練は省けることにしたのだった。

「新人の目線」にヒントがある

多くの企業にも言えることだが、海軍のまったくお粗末な問題の一つに、新人の扱い方がある。海軍にやってくる新兵は、カナダとの国境付近の五大湖にある新兵訓練所に一度送られ、その訓練所を卒業した日の午後には飛行機に乗って大陸をはるばる斜めに横切り、その日の夜に西海岸のサンディエゴに到着する。そして疲れ果てて艦までやってくるのだが……誰も出迎える者はいない。

さらには、ほとんどの者が、彼らがやってくるということさえ知らない。訓練所で厳しいプログラムに耐えたあと、彼らが最初に出会う実際の海軍は、土日休暇の用意をしていて、彼らの相手をしている時間などない乗組員たちの群れなのだ。

私は若い部下たちと話をし、この艦に来た初日のことについて尋ねた。右も左もわからず、雰囲気に威圧されて、一人の友人もできなかったと彼らは言った。最初の四八時間はほとんどすべての人間が休暇中で、艦内には自分たちしかいなかったので、途方に暮れてしまったという者もいた。

海軍兵学校に入学したとき、私は一七歳だったが、どんなにおびえていたか今でもおぼえている。この若者たちにとってサンディエゴの基地に到着することがどれほどプレッシャーのかかるものであったかは私にもよくわかる。

私は副長を自分の部屋に呼んだ。

「新人歓迎のためのプログラムはどうなっている?」私は尋ねた。

「さあ、わかりません」と彼は答えた。

「それでは、調べて報告してくれないか」

翌日、彼は艦長室にやってきた。

「艦長、ちょっとお恥ずかしい話なのですが。新人に対しては何も用意していません」

「きみには五歳になる娘さんがいたな」と私は言った。

「これから一二年後、彼女は海軍に入隊するかもしれない。きみはその初日に、彼女をどう扱ってほしいと思う？」

「親切にしてもらいたいと思います」と彼は答えた。

われわれの部下たちは、みな誰かの息子か娘だ。われわれはその子供たちにきちんと接する義務を背負っている。それはわれわれの務めなのだ。

「彼女が一七歳で、たった今艦にやってきたとして、きみは彼女にまずどうしてもらいたい？」

「家に電話して、無事到着したと伝えてもらいたいと思います」

「そうだな！　彼らを艦長室に連れてきてもらって、親やボーイフレンドやガールフレンドに電話して、無事に着いたと伝えられるようにしてはどうだろう？　政府の電話料金なら、三〇分話しても一ドルしかかからない。国防総省がこれまでに使った、最も意味のある一ドルになるだろうな」

そうして新人歓迎プログラムは企画された。誰が訓練所からやってくるのか、どの便でやってくるのかを調べると、空港で彼らを出迎えて艦まで連れてきた。当直の士官が甲板で新人を出迎え、彼らと握手し、彼らを艦長室に連れていき、故郷に自由に電話をかけさせた。彼らのベッドはきれいに整えられ、ロッカーには名前が貼ってあり、「同伴者」に任命された彼らの部門の最も優秀な者たちが艦内を案内した。

翌朝、基地に上がって車で案内し、体育館、プール、映画館、売店、診療所や歯科医など、また、基地の生活の情報、それも年若い新人にとってきわめて重要な内部情報、すなわち、避けるべき人間や物事と、その理由も教えこんだ。たとえば、襲われたり金品を奪われたりしかねないため、暗くなってから行くべきではない場所についての警告などだ。

同伴者はツアーガイドのような役目を務め、当地の名所である水族館や有名なホテルも案内した。この若者たちにサンディエゴを新しい故郷のように、艦のメンバーを新しい家族のように感じてもらいたかった。

そして、就業して最初の四八時間のうちに、彼らは艦長である私に会いにくる。そこで互いのことを知り合うために話をした。

「ようこそ。この艦にきみを迎えることができて、うれしく思っている」

そのプログラムには、新人を歓迎するだけでなく、退屈気味のベテランたちに彼らの意気込みを伝染させるという目的もあった。熱意にあふれた新入りは、毒された企業文化と正面から衝突して、その熱意をしぼり取られてしまうことがじつに多い。私は新人たちにエネルギーを保ち続けてもらって、〝ぬるま湯〟につかっているベテランたちの電池を、再充電してもらいたかった。

自分の会社での新人の扱いを考えてみてほしい。新入社員が初出社日にやってきても自分のパソコンが用意されていなかったり、手続きがお役所仕事で遅れたり、優秀な社員がみな忙しくて、彼らの質問に答えるのはやる気のない二流の社員ばかりだったりということはないだろうか？

もしそうだとしたら、彼らが自分のこれからに不安を抱き、組織を軽んじたりしてもおかしくはない。彼らの理想が早々に崩れ去る瞬間である。

私はベンフォルドの環境をそれとは正反対のものにしたいと望んでいたし、実際にそうなった。われわれのこの同伴者プログラムはその後、サンディエゴの多くの艦艇で採用されることになった。

厄介な敵——嫉妬心をコントロールするには

第二次世界大戦以来、あるいはそれ以前から、海軍は見苦しい布でできた、防水や保温の役目を果たさない悪天候用のジャケットを支給している。部下たちにとっては着るだけで憂うつになるような代物だ。

ある日、船舶用品の店を見ていたある部下が、民間用に売られている高性能で見た目もよいジャケットを見つけた。青の立派なデザインで、光を反射するストライプの柄が入り、水に沈まないように浮揚装置がついていた。彼はすぐさま私にそのことを報告してくれた。

海軍のジャケットは一着一五〇ドルだが、その市販品は九〇ドルで、あらゆる点ですぐれていた。実際に保温や防水の機能があり、浮揚装置もあるので、海軍の支給品よりも安全だった。さらには、おまけとして、背中に「ベンフォルド」と文字を入れることもできると言う。より安くていいものであることは間違いない。

「いいアイデアだ、購入しよう」と私は言った。

私は艦の名義のクレジットカードで三一〇着のジャケットを買って、それをすべての部下に配布した。全員が見違えるほどスマートで格好よくなった。

翌日、別の艦の乗組員が、われわれが着ているジャケットを目にした。三〇分後、その艦の士官が私に歩み寄ってきて、こう言った。

「われわれの艦長が、あなた方にそのジャケットを着ることをやめるように求めています」

「本当か？　どうしたんだ？」私は尋ねた。

「われわれの艦で〝反乱〟が起こりかけました――われわれの乗組員も、同じジャケットを欲しがっているのです」

私は彼に「あなたの艦長の命令は違法だと思う」と伝え、命令にしたがうことを拒んだ。「もし彼が強く主張するなら、私は喜んで将軍のオフィスへ行って、すぐにでも軍法会議を受け入れる」とまで言った。

自分が過剰反応しているとしても、理にかなったことだと思ったからだ。その一方で、自分が国防長官のもとで働いていたときに起こった出来事を思い出していた。

当時、米軍は自分たちの人件費を、じつにさまざまな方法で使用していた。空軍は生活の質に重点を置き、美しい住宅、巨大な基地、すぐれた医療体制を手に入れていた。陸軍と海軍は、それとはほとんど正反対の態度を取っていた。

とても居心地のよい空軍基地に比べて、兵士たちが劣悪な環境におかれている陸軍基地——しだいにこの違いに疑問の声が上がるようになり、私が国防総省にいるときに、陸軍と海軍が「贅沢をしている空軍の予算を減らして、その分を自分たちにまわしてほしい」と国防長官に求めた。そうすれば、基地を整備することができると言うのだ。

長官はしばらく彼らの要求について考えていたが、やがてこう言った。

「空軍は自分たちの予算を有効活用しているのだ。彼らこそ見本とすべきだろう。**誰かの水準を引き下げることを目標とするべきではなく、それ以外の者たちをできるだけ高くまで引き上げるようにすべき**ではないか」

この言葉は、永遠に色あせない知恵として私の心に響いた。

今、この艦の艦長は自分の部下に新しいジャケットを買うことをせずに、私の部下にそれを着るなと言っている。私はそんなことはさせない。

その士官は私の言葉を持ち帰り、三〇分後に新しい指示を持って戻ってきた。

「そのジャケットを着てもさしつかえないそうです」

その艦はこのジャケットを買うこともできたがそうしなかった。そのうちに、いわゆる〝ベンフォルド・ジャケット〟は大流行し、小艦隊の司令官が自分の指揮下にある他の五隻の艦のために、そのジャケットを購入した。私に難癖をつけた艦長は、苦々しい気持ちで見守っていたことだろう。

嫉妬やねたみは強い感情で、それにしたがって行動すれば深刻な問題を生み出しかねない。指導者はつねにそういう感情に注意していなければならない。嫉妬深い指揮官は往々にして自分の部下を抑えつけるような行動を取ってしまうからだ。

他のリーダーが成功したときには、その成功から素直に学ぶこと――それが自分の部下のプラスになる場合はなおさらである。

効果の高い「恩の売り方」

もし私が自分の昇進しか考えない出世主義者として行動していたら、成功できずにいたかもしれない。

上司との関係においても、私はあくまでもチームプレイヤーとして、悩みの多い上司の忠実な従者になろうとした。上司が必要としていることを、本人が気づく以前に察する努力をした。一般のビジネスで言えば、「顧客サービスを徹底して考えた」ということになるだろう。

提督はとても頑固な上司で、多くを要求する人物だったが、それでも彼はベンフォルドをひいき目に見てくれた。それは、彼よりも先にペルシャ湾にいた私が、提督が責任者だった敵の調査業務の実状を調査し、その手順を効率化するためのアイデアを個人的に伝えていたためだった。

とにかく「押しつけがましくないやり方」で彼と接した。つまり、**彼が求めるあり**

とあらゆる情報を提供するが、提督がこちらの提案を相手にしないときは、うるさくつきまとわない。「顧客」はつねに正しいのだ。

また6章で述べた、タンカー査察の能率を上げたベンフォルド特製のデータベースは、提督がそのコピーを艦隊全体に配付したため、すべて彼の発案だということになっていたが、それでも私はかまわなかった。私の望みは個人の栄誉ではなく、チームプレイヤーとして知られ、海軍をよりよいものにすること、海軍に欠かせない艦長となることだった。

もう一つ、上層部に期待以上の成果を見せることができた例を紹介しよう。

われわれがペルシャ湾に到着したとき、国防総省はミサイルの装備にかかる時間に厳しい制限時間を押しつけた。上層部はその手順の効率を何とか高めたがっていたのである。

ベンフォルドよりミサイルの数も少なく、単純な任務を行なっていた艦ですら、その制限時間に間に合わせるのに苦労したが、われわれはその要求をいとも簡単にクリアしてみせた。なぜ、他のどの艦よりも迅速にできたのか?

それは部下たちが自発的に集まり、関連するマニュアル書をすべて読み、あらゆる装置のしくみを学んで、その要求を満たす画期的な方法を考案したからだった。われわれが他の艦に一〇ページほどのメッセージを送り、ベンフォルド方式を説明すると、それはペルシャ湾における基本的な操作手順となった。そして、それはほどなく海軍全体が採用することとなった。

アメリカ海軍はわれわれの仕事からメリットを得たが、最大の受益者はベンフォルドの所属する艦隊の司令官である中将だった。自分の指揮下にある艦が、新しい命令を実行できないと国防総省に報告せざるを得なかったとしたら、中将はじつにバツの悪い思いをすることになっただろう。だが、中将の艦隊はその難題を完璧にこなし、それによって彼の評価はグッと高まったのだった。

何ごとも率先して行ない、顧客（この場合は中将）に対してベストのサービスを提供するのが、われわれの習慣だった。その習慣が認められたゆえ、ペルシャ湾における海軍の戦闘計画において、最も重要な任務が与えられるほどの、揺るぎない評価を得たのである。

すべての「レッテル」を今すぐはがせ！

艦長に就任して半年が過ぎたころには、部下たちの働きぶりは目に見えて変わっていた。私は自分の部下たちの成長や業績に目を見張り、彼らのことをよく知れば知るほど、その潜在能力に限界がないことを強く確信するようになった。

部下にレッテルを貼ることをやめ、**彼らを機械のように扱うのをやめれば、彼らの業績は向上する。**誰もが生まれつき才能を持っているのだと考え、彼らを鼓舞して、その期待に応えさせるようにすることである。

私の言うことは、あまりに理想主義的だろうか？　そんなことはない。私はこの考えが正しいことを、ベンフォルドをアメリカ海軍で最もすぐれた艦に育てることで証明した。

それは、あらゆる種類の組織のリーダーが、新たなレベルの成功を成し遂げる方法でもある。自分の部下を励まして、人間性と仕事の両面で自己表現させるのだ。

ベンフォルドは戦艦であり、その最大の目的は戦闘であるが、軍隊に入隊してくる若者は何かから逃れてきたり、目的を持っていなかったり、必ずしも高いモチベーションを持っていない場合もある。これは企業でも同じだろう。

そうした若者たちを育てるには、並外れた訓練や規律が求められるし、彼らを個人として理解し、評価するリーダーも必要だ。しかし、そうしたことを進んで行なうリーダーのもとには、協力者が現われるものだ。

これまで何度か述べてきた、私が部下たちと一対一で行なった面接の利点の一つに「それぞれの部下の人生を知る」ということがある。なぜこの組織に入ったのか、そして、夢はあるのか、といったことを知ることほど役に立つことはない。

部下の大半は、それまでの人生でこのように人から関心を持たれたことがなかった。教師であれ、まわりの大人たちであれ、誰ひとりとして彼らと目線を同じにして人生の目標について真剣に語り、そこに到達するまでの手助けをしようとする者はいなかった。

面接を始めてすぐに、私は興味深い事実を発見した。若い部下たちの約半分は、両親が彼らを大学に行かせる余裕がなかったために入隊していたのである。

彼らの何人かは、兵役が終わったら大学に行こうと考え、大学生活にかかる費用を貯金していた。入学資格は得ているのかと尋ねると、彼らの多くは入学に必要な学力試験（SAT）を受けていないと言った。

なぜか。進路指導員や教師や親が、彼らは大学に進学できっこないと決めつけていたからだった。

これを聞いてショックを受けた私は、軍のスタッフからSATの監督ができる資格者を捜し出して、艦に連れてくるように指示した。

ある土曜日の午後、イラクの南の海上で、四五人の乗組員たちがSATを受けた。結果が出ると、ある女性が米国内のほとんどの一流大学に入れてしまうくらい優秀な成績を収めていた。彼女のスコアは、私が海軍兵学校に入ったときの点数も上まわっていた。

また、その〝海上学力試験〟の結果に対する反応はじつに大きく、大学の講座を受けられる通信制プログラムに、すぐさま一〇〇人以上の乗組員が登録した。CD-ROMで授業と試験を受け、レポートを書いて、指導官に送り返すといったシステムである。他の六八人は、数学の補習コースや、高校で受けることのできなかった大学入学準備のための国語コースを受講した。

こうした学習はわれわれの〝常識力〟を必ず向上させるはずだ。驚いたことに、それによって多くの乗組員たちが刺激を受け、それ以外の試験——海軍の昇進試験——も受けるようになり、ベンフォルドは海軍全体の平均の二・五倍の昇進率を達成した。

今の企業はどこも環境が厳しく、どんなに優秀なリーダーにも、どんなに社員のサポート体制がすぐれた会社にも、できることに限界はある。社員を育てる余裕がない会社も多いのだろう。

しかし、「学び」の可能性について、みなさんにはもう一度考え直してみてほしいのだ。

「クロス・トレーニング」の驚くべき成果

私がベンフォルドの指揮官となったとき、艦の重要な仕事のほとんどは、その部門の一人の人間に大きく依存していた。もし何らかの理由で彼らがいなくなれば、その仕事は成り立たなくなってしまう。これは大問題だ。

私はただちに交代要員の訓練を開始し、ベンフォルドで指揮をとった丸二年間、それを絶やさなかった。誰一人、この厳しい方針を好む者はいなかったが、部下に好かれることばかりを最優先にはできない。

ベンフォルドがペルシャ湾で任務を終えたときも、心を鬼にして部下たちを鍛えることにした。

ペルシャ湾からアメリカへ戻るには六週間かかる。緊迫する海域で一〇〇日間も懸命に働いていた重責から解放され、部下たちは浮かれ気分で出航した。無理のないことだが、彼らはその途中であちこちに寄港しながら、ゆったりと航海できるものと思い描いていた。

私は、最初の二四時間は、そうした気分が広まるのを許していた。リラックスして、パーティをし、ダラダラと過ごした。しかし翌日から、私は心を鬼にして新しいプログラムの強化訓練を実行したのである。

この訓練は毎日続けられ、部下たちは不平をもらした。彼らは、国に戻る六週間の旅の間は、のんびりしている権利があるはずだと感じていたが、私は「強化訓練は義務だ」と言って反論を許さなかった。今やるか、アメリカに戻ってから家族と一緒にビーチでくつろいでいたいときにやるか――選択肢は二つだ。ならば、今やることにしようと告げたのである。

われわれは一つの業務に対して本職のチーム以外にそれをこなせる第二のチームを育て、さらには、第三、第四、第五のチームの訓練を始めた。あるチームが熟達すると次のチームを入れ、そのチームが習熟するとさらに次が入った。まもなく、その艦のほとんどあらゆる地位に、四番手ないし五番手までの交代要員を抱えるようになった。

われわれは、このやり方を「クロス・トレーニング」と名づけ、アメリカの基地に到着するころには、新兵訓練所を出たばかりの若い部下たちが、ベテランの仕事を見事にこなすようになっていた。

この方式は、企業においても非常に有効だ。常に代役を用意しておくことは危機管理の基本だし、他の仕事を学んでおくこと自体も、自分の本来の仕事に役立つ。

艦がアメリカに戻ると、三〇日間、警戒態勢を解除し、その間に乗組員たちは、交代で半分ずつまるまる一五日間の休暇を堪能した。

その後、われわれには外部の専門家チームの監視を受けながらの、三週間の巡航訓練が待っていた。彼らの役目は、われわれの次の配備に対する態勢を評価すること。艦というのは企業と同じく、つねに評価にさらされている。

その訓練には第一、第二のチームではなく、第三、第四のチームが参加した。彼らは今後四、五年はこの艦にいるはずの未来を担う者たちで、彼らがいかにすぐれた働きをするかは、今後のベンフォルドにとっても大きな利益となるに違いない。

そして、彼らは期待通りの成果を上げた。評価担当者たちによれば、われわれの第三、第四のチームは、他の艦の主力チームよりもすぐれていると言う。

評価担当者たちはベンフォルドの達成度に驚き、訓練に途方もない努力をしてきたことを評価してくれた。私は苦労が実を結んだことにホッとした。

「公平な査定」は可能なのか

管理者にとっても最も難しい任務の一つが、一年か半年に一度、部下に評価を下すことである。海軍においても、一年に一度の評価は、その人の経歴を大きく左右しかねない。

あいにく、われわれはすべての人間をその同僚たちと比較して評価しなければならず、いちばん下にされた者たちは腹を立てることになる。

評価するに際しては当て推量を排除し、評価基準がどういったものであるかをあらかじめ知らせて、部下たちが不公平感を持つことのないように徹底しておかないと、その先には心痛と不満しか生まれない。

中間管理職に関しては、**私が彼らに期待するものについて簡明な指針を定めた**。そして、彼らにそれぞれの分野での専門家になってもらいたいと期待していることを伝え、どの程度の知識と技術を求めるか具体的に示した。さらに、彼らに艦内の生活水準を改善するような計画を一つか二つ、あるいは組織全体に影響をおよぼすような軍の作業を一つ行なうことを評価の基準とした。

私の考え方は、「自分と同年輩や同じ立場の人間がより大きな計画に取り組んでいるのを目にした者たちは、評価を得るためにどうすればいいのかを悟る」というものだ。昇進したいと思うなら、自分の決められた仕事以上のことをして、組織の他の者たちに影響を与えなければならないのだ。

評価が正しく行なえたかどうかを見極めるカギは、自分の部下に点数を与えたときに彼らが驚くかどうかにある。もし部下がびっくりするようなら、それは明らかに、彼らに適切な目標を与えたり、彼らの意見に耳を傾けたりすることができていなかった証拠である。うまくコミュニケーションを取り、信頼関係ができていれば、どのような評価を下したのであれ部下は納得するだろう。

公式には評価は三カ月ごとにされていたが、日常的な仕事の一部としても、部下たちには意見をまめに伝えるようにした。部下が何かすばらしいことをすれば、必ずそれを評価していることを知らせた。部下がうまく仕事をこなせなかったときは、査定期間が来るまで放置せず、自分の感想をはっきり述べた。

部下は、上司が包み隠さず話してくれることを、何よりもありがたく感じるものだ。たとえ彼らがダメなやり方をしているときでも、彼らからその仕事を取り上げず、ミスを取り戻す時間を与えたほうがいい。

求められれば親身になって助言を与え、感情のムラなく誠実であること、それこそがすぐれた上司に求められる条件である。

ときには、厳しい結果を伝えるのも上司の仕事だ。敵対、あるいは対立する状況にかかわることを好む者などいないが、それを避けられないときもある。それこそ、上司が高い給料をもらっているゆえんなのだから、他の人間のうしろに隠れようとしてはいけない。部下と向き合う責任を果たそう。

業績がいちばん下の者に、実際にそう評価されても仕方がないということを伝えるときには、どうすべきか。そんなときは、本人に自分自身の評価をどう位置づけるか尋ねるのが有効である。大半の者は同僚と比較して、自分がいちばん下であることにちゃんと気づいているものだ。

業績が標準以下の者がいるときには、私は必ず彼らを向上させる計画を立てるようにした。本人を部屋に呼んで、何が問題であるか、そしてそれを正すために何をしなければならないかを話し、必要ならば訓練を行なった。そして、成績を伸ばすためのデッドラインを伝えた。もちろん、達成できなかったときにはどうなるかも、あらかじめ明確に説明しておくのだ。

私は、誰ひとりとしてベンフォルドにおいて解雇や異動をせずにすんだことを誇りに思っているが、やむを得ないときにはそうする覚悟はできていた。リーダーは業績が改善されない部下を見限る覚悟を持たなければならないが、必ずその前にチャンスを与えるようにしてほしい。

「ナンバー2」で組織の力は決まる

ベンフォルドに新しい機関長が着任したときの話をしよう。機関長は艦の動力部分の責任者で、艦で最も重要な地位の一つである。

私はその新任機関長ジェイソン・マイケルに対して、危惧を抱いていた。彼はじつに才能に恵まれていたが、態度が高圧的だという評判だった。

機関長の任務は、艦の仕事の中でもとりわけ過酷と言われ、連続して勤務できるのはわずか八カ月と考えられている。しかし、当時の海軍は機関長がひどく不足していたので、マイケルの勤務期間は一気に三六カ月にまで延びていた。

私はまず、ベンフォルドに来る前に彼を休息させることにした。彼は、ペルシャ湾での任務のため、前の年のクリスマスは家族と一緒に過ごせずにいたのだった。日程を一部修正して、彼がクリスマスを故郷で過ごしたあとで合流するようにスケジュールを設定した。

一方、ベンフォルドの前任の機関長は、海軍大学院で修士号を取りたいと強く希望していて、その授業は九月から始まるという。彼を九月に送り出し、新任のマイケルがクリスマス明けにやってくるということは、機関士なしで約一〇〇日間も航海するということを意味していた。ほとんどの人間はこれを無茶な話だと考えた。

だが私は、ストレスをためた者を休ませると同時に、ピンチヒッターとして機関長になる能力があると見込んでいたある部下を一時的に昇格させられるという利点もあるわけだから、そうしようと判断した。

私が選んだ代役は階級が低く、彼のような者がたとえ一時的であっても、機関長という地位に就くのは海軍では前代未聞のことだったが、彼は私が期待した通りの働きをしてくれた。

つまり、マイケルがようやく到着したとき、その仕事を完全にこなすことのできる人材が二人いることになったのだ。


ところが、クリスマスが明け、ベンフォルドにやってきたマイケルは、二時間もしないうちに私のところにやってきた。彼は、部下の自主性を優先する私のスタイルに異議を唱え、「機関士たちはもっと尻を蹴飛ばしてやる必要があるので、艦長のやり方ではうまくいかない。こんな状況では仕事ができません」と言いきった。

彼は難しい性格だと聞いていたが、初日にここまで言うとは……。

私はショックを受けながらも「きみはこの艦のやり方で成果を上げなければならないし、必ず上げることができる、私はそれを期待している」と言った。

そして、もしできなかった場合にどうなるか、ということも告げた。もう艦にはいられないし、どこか僻地《へきち》の工場に飛ばされることになるような報告を上層部に提出するしかないと通告した。

ベンフォルドのやり方は彼にとってショックだったはずだが、耳にしたことが真実であることを、そのときには理解していなかっただろう。それが真実であることにマイケルが気づいたのは、彼が働き始めて一週間ほどしたころ、機関室で大規模な故障が発生したときのことである。

彼は機関室に駆けつけたが、そこには士官が一人もいなかった。本来なら多くの士官を現場につぎ込み、問題の解決にあたるはずだった。しかし、そこにいるのは、下級の機関士だけであった。

彼は、自分の助手である二人の士官を呼びつけ、彼らがやってくると、非常時にそこにいなかったことを激しく叱責した。

すると彼らは冷静に、ベンフォルド流のやり方を伝え、**「この艦の乗組員たちは、士官が立ち会わなくても、全員が自分の仕事に責任をもってやりますよ」**と言った。

「どうしろって言うんだ、こいつらだけで修理しろと言うのか？」とマイケル。

「彼らが給料をもらっているのはそのためです。きちんと訓練を受けていますから、修理できるはずです。もし私がすべての故障を肩代わりしていたら、彼らのやる気をそぐことになります」

マイケルは、部下が自分に対してそのような口を利くことに驚いた。さらに衝撃的だったのは、階級がいちばん低い者たちでも、大規模な故障を完璧に修復できるという事実だった。

私が部下たちに修理を任せ、マイケルに細かい報告を要求しなかったことも、彼の常識を揺さぶった。

私は、機関士たちが、自分の責任でベストを尽くして故障を修理することがわかっていたので、報告の必要はないと思っていた。機関士たちも私がとやかく口出ししてくることはないとわかっていた。

間違いなくその一件は、マイケルが学んだ最大の教訓の一つとなった。

彼は、**怒鳴りつけたりしなくとも機関士たちをうまく指揮できることや、上司といえども部下に敬意を払うことで強力な信頼関係が築ける**ということに気づき、部下の上に立つ上司として、のちに最もすぐれた人物の一人となった。

IT'S YOUR SHIP
BY MICHAEL ABRASHOFF

10

「頭を使って遊べる」人材を育てよ

生産性を上げる「充電プログラム」

われわれはどこにいても、つねに仕事のことが頭から離れない。たとえ休暇で旅行中でも携帯電話やノートパソコンとつながれていて、リゾート地にいても連絡が入ってくる。

ほどほどであれば問題はないが、度が過ぎるとやる気さえ蝕《むしば》んでしまう。

ずっと昔から、乗組員はあたかも「航海中は楽しんではならない」と命令を受けているようなものだった。われわれ海軍で働く者たちはその約束事を絶対ルールと考え、それ以外のことなど思いつきもしなかった。

私はそれを変えたかった。部下たちの面接を行なったとき、私は彼らにどうすれば艦の業績を向上させられるかということだけでなく、どうすれば職場で楽しめるかということも尋ねた。その返答は驚くべきものだった。

ある部下は、ステレオ装置があればすばらしいだろうし、週に一度くらいなら甲板に集まって、ジャズを聞きながら夕陽を眺めてはどうかと言う。
そこで、さっそく実行した。毎週木曜日の夕方、全員が集まり、海の色が暗くなっていく中、ジャズに耳を傾けた。それはたしかに組織の全員を結びつける、すばらしい「接着剤」になった。

さらに別の部下は、航海中でも宴会を開くことを提案した。艦内でのアルコール禁止令を決して破るつもりはないが、アルコール抜きでも宴会を開くことはできる。隔週の金曜日の夜、豪華な料理を並べ、さらにカラオケ装置も購入して宴会を開くことになった。その会を開くにあたり、私は二つの規定をもうけた。一つは、艦長は歌わないこと（乗組員たちも満場一致で同意した）。もう一つは、私の好き嫌いを反映してもらい、カントリー音楽は禁止することだった。

部下たちは艦長のわがままに思いやりを示してくれた。

また、われわれは、とくに食料の積み込みなどの単調な仕事を少しでも楽しくしようとした。そういった作業は機械化もできず、自分たちの手で行なわなければならない重労働だったが、そんなときでも音楽を流すと作業がはかどる。

みんな音楽に合わせて体を揺らし、作業員を監督する士官たちも進んで手を貸すようになった。

また別の乗組員が言った。

「映写機を購入して、夜、星空の下で映画を上映するのは?」

これもすばらしいアイデアだ。それぞれの作業場にはテレビやビデオがあって、自分たちだけで映画を観ることはできる。しかし、甲板を利用するというアイデアは、全員の心を一つにするように思えた。

そして、土曜日の夜の「ベンフォルド・シアター」が始まった。われわれはイラクに面しているペルシャ湾にいたが、毎週土曜の夜に二本立てを上映した。一本目はいつもコメディー映画で、二本目はアクションものや、スリル満点のホラー映画だ。

〝観客〟には一人一袋のポップコーンとソーダを配った。

みんなビーチチェアや毛布や枕を持ってきて、思い思いに星空の下にそれを広げ、映画を観た。他の艦もにじり寄ってきて、一緒になって映画を観た。

重要なのは、**どんな組織においても、友人たちと楽しむことは、お金では換算でき**

ない、大きな精神的つながりを生み出すということである。そのつながりは、いざというときに「団結力」となって、仕事の結果を左右する。

「楽しむ」という考えは、どんな職場にも適用できる。

海軍を辞した後にコンサルタントになった私は、厳格なことで有名なある銀行でその考えを提案したが、幹部たちは一様に驚いたような顔をした。

彼らは「銀行内では許されませんね。だいいち社風に反している」と言う。だが、そのうちの一人が勇気をもって口にした。

「ひと月に一度、みんなで一緒に大笑いできるようにしてはどうでしょう?」と。他の者たちも、ゆっくりとではあったが態度を和らげ、ついにその職場にも光が射した。

そして現在、ひと月に一日、かつては陰気だったその銀行の従業員が弁当を持参して集まり、『フレンズ』などといったコメディ・ドラマの再放送を観ている。

これはすばらしい変化だ。

なぜ食事がまずいのか――素朴な疑問から見つかった大問題

あるとき、ベンフォルドでの私の姿を見ようと、両親がサンディエゴの基地にやってきた。二人を六時間の巡航に招待したのだ。彼らは艦に乗ったことがなく、私が指揮をとる艦に乗るのももちろん初めてであり、私はなんとか二人に私の職場を気に入ってもらいたかった。

二人を連れて艦の食堂に行ってみると、その日の昼食はチキンナゲットだった。残念なことに、どうすればチキンナゲットをここまでまずくできるのかわからないほど、それはカチカチで味がなく、すっかり気まずい思いをした。

機械的な繰り返し作業や定期点検の日が多く、単調な日々が延々と続く海上で、食事は、人々にとってお互いに交わったり、リラックスしたりする絶好の機会になるはずなのに――。

そもそも、海軍のどの艦艇にも献立検討委員会というものがある。ひと月に一度、艦の各部門（ベンフォルドには二四ある）が代表者を出し、献立について話し合うのだ。ほとんどの部門はこの委員会に階級が上の人間を出席させない。

それはもはや誰もおぼえていないような理由で設立され、きちんと調べる者もいないために廃止することも許されない、形だけの委員会となってしまっている。私は何の前触れもなしに、この委員会に出席してみた。

私が献立検討委員会に出席しているという噂は、すぐさま広まった。出席するつもりではなかった食料担当の二人の士官があわてて姿を見せた。そして、献立に関する話し合いが始まった。私は意見に耳を傾けていたが、やがて口を開いた。

「ひとこと言いたいのだが……この艦の食事はひどくて食べられたものではない。いったい、どこに問題があるのだろう？」

その無遠慮な言葉に全員が面食らったが、私は誰も叱りつけたり、罰したりするつもりはなかった。食事がこれほどひどい理由を知りたいだけだった。献立検討委員会の議長を務めていた者は、手抜きをして献立表の通りにしない料理人がいるのだと意見を述べた。

そこで、私はすべての料理人を集めて、「きみたちに重要な役割を果たしてもらわなければならない」と告げた。そして、献立表にしたがう重要性を強調し、自分に協力してくれと頼んだ。

料理人たちをやる気にさせることができれば、食事は変わり、われわれの士気も高まる。私は、ほぼ一日おきに調理室を見てまわり、彼らの大変な仕事に自分がどれほど感謝しているかということを伝え続けた。やがて、食事は格段によくなった。

だが、問題はそれだけではなかった。使える食材が限られていて、料理人の腕ではカバーしきれないのだ。

昔から海軍は食料調達業者の入札を行なって、いちばん安い業者からしか食材を買えないことになっていた。その結果、どこの会社がつくったのかわからない大きなアルミ缶に入ったジャムや、脂身ばかりで味がなく部下たちから「謎の肉」と呼ばれている「牛肉」がメニューに上がってきた。

しかし、私が国防総省にいたころ、私の上司だった国防長官は、たいへんな努力をして議会に法律を改正させ、政府の基準に合ったものなら軍はどんなものでも自由に購入できるようになったのである。

その法律によって、われわれは自由に市場で補給品を購入できるようになり、しだいに買い物上手になった。好きな種類のジャムを選んで買うことができるようになり、ステーキを食べたければ、最良の肉を手に入れることができるようになった。

「安い」ものより「上質の」ものを、そして、「ジャムを買うときは、つぶつぶタイプがいいのか、滑らかタイプがいいのか、慎重に選べ」とつけ加えた。

さらに六人の料理人を料理学校に送って腕を磨かせたかいがあって、ベンフォルドは、海軍でいちばんうまい食事を出すようになった。感謝祭の日の食事は故郷の家で食べるものと変わらないくらいすばらしかった（母親には申しわけないが）。

指揮官になったとき、私には三つの最優先事項があった。すなわち、食事をおいしくすること、訓練の質をよくすること、毎年できるだけ多くの人間を昇進させることだった。

たかが食事と笑うことなかれ。それが士気を高め、艦を変化させるのに役立ったということは紛れもない事実なのだ。

「友人に自慢できる」仕事・職場・組織をつくる

こんなことがあった。

われわれがハワイから出発して、ペルシャ湾へと向かっていたときのこと。ペルシャ湾で、ミサイル発射の集中訓練を行なうことになっていた。

私はベンフォルドを海軍で最高のミサイル発射チームにしたかった。上層部もそれを期待していて、「同行の二隻を置き去りにしてでも、ミサイルを使用できる海域に大至急到着し、態勢を整えるように」という命令を受けた。

アメリカ海軍は危険な場所にいる者たちに「危険手当」を出す。当時はペルシャ湾もその場所に含まれていた。そしてたとえ一日のうちの一分でもペルシャ湾にいれば、そのひと月まるまる乗組員の給与が非課税になるという、少々おかしな規定があった。

ペルシャ湾に入れという命令が出たのは九月末のことで、一〇月三日にバーレーンに到着しろということだった。通常の速度である一八ノットで進めば、指示された通りにバーレーンに着くことができた。

だが、私は二日間ぶっ通しで二四ノットで進めば、九月三〇日の二三時五九分に湾のすぐ内側に入れると判断した。そうすればその一分だけで九月全部を非課税期間にし、部下の給与を少なくとも三五〇ドル（約三万五〇〇〇円）ずつ増やすことができる。この理由を知られたら、ただではすまされないだろうが……。

作戦通りに前倒しでペルシャ湾に到着すると、一〇月一日にイラクで危機が勃発し、近くの海域まで来ていたわれわれは、すぐに湾の北側にまで進むように任務を命じられた。冷や汗ものだったが、ベンフォルドがなぜ二日も早くペルシャ湾にいたかという理由を尋ねる者はいなかった。それどころか、緊急時にスピーディーに対応したという理由で、「危険手当」に加えて「特別手当」まで手にしたのである！

さて、その後われわれはオーストラリアに立ち寄った。

どの港でもそうしたのだが、私は「艦を訪問できるのは有力者や名士のみ」という、海軍のエリート意識むき出しの規則を無視した。部下たちが海外で新しく見つけた友人を艦に招くことを禁じる理由など、私には見つからなかった。私は部下たちに、新しい友人ができたらぜひ艦に招くようにと奨励した。もちろん、機密保持や艦の防衛には細心の注意を払った上での話だが、部下が友人を案内しているのを見かけると、艦のしくみを説明するのを手伝ったりもした。

私の部下たちは、さまざまな寄港先で、新しい友だちを文字通り、何十、何百人もつくっているようで、彼らが熱心に艦に招こうとするのを見て心を打たれた。彼らがベンフォルドを誇らしく感じているのは明らかだった。

企業もこうした誇りを生み出すことができるはずだ。

社員が自分の職場を友人に見せたくなるような場所だと考えるようになれば、どんなにすばらしいだろう。

もし社員がそうした帰属意識を持つなら、ささいな原因による職場での不和など消えてなくなるはずだ。

IT'S YOUR SHIP

BY MICHAEL ABRASHOFF

11

永遠に語り継がれる「最強のチームワーク」

「たった5語」の別れの挨拶

艦長としてベンフォルドを預かってから二年が経ち、私の任期は終わった。ベンフォルドを新しい艦長に手渡すときがきたのだ。

その数週間前、提督が私に電話をかけてきて、来賓として何時に艦に行けばいいかと尋ねた。

「申し訳ありません」と私は言った。

「提督はお呼びできません。私と私の後任、それに乗組員と艦だけでやります。他には誰も来ません」

提督は私という人間をよくわかっていたので、反論も質問もせずに言葉を返した。

「きみの勲章はどうしてほしい？」

「郵送していただけませんか？」

私は従来の、港で行なわれる指揮官の交替セレモニーのために乗組員たちにあれこれとよけいな準備をさせるのをやめ、海上で艦を引き渡すことにしたのだった。

私のセレモニーがどういうものだったか紹介しよう。

まず、三一〇匹の生きたロブスターを航空便で取り寄せた。それから三日間、われわれは下甲板のタンクの中に入ったロブスターを見つめた。乗組員の大半はこんなに上等なロブスターを食べたことも、目にしたこともなかった。そして、水曜日の夜に最後の食事をとった。

翌木曜日の朝、早起きして、自分たちの仕事である訓練を四時間行なった。そして、午前一〇時四五分、作業服姿で甲板に集まり、私は軍の歴史でもたぶん最も短い指揮官交替のスピーチを行なった。それは五語だった。

「**私の気持ちはわかるだろう**(You know how I feel)」

それから、私は自分の後任とそれまでの部下たちに敬礼した。ベンフォルドは、今や彼らのものだった。

私は立ち去りながら、二年間でわれわれがどれほど成長したか、ということについて考えた。かつてはバラバラで問題だらけだったベンフォルド――この私が後任に残した艦は、どんな艦長でも望む理想的な艦となっていたはずだ。

この「チーム」はいつまでも進化し続ける

私は、団結し、鍛え上げられ、有能なチームとなったベンフォルドの部下たちをとても誇りに感じている。自分自身もリーダーとして、そして一人の人間として、ずいぶん成長したと思う。

ベンフォルドを指揮し、部下たちが日々向上し続けるのを目にした興奮を決して忘れることはないだろう。これほどやりがいのある仕事はたとえ報酬がなくてもやっていただろう。そう思える体験ができた私は、誰よりも幸運な人間だ。

それにもかかわらず私は海軍に残らなかった。なぜか？　とよく尋ねられる。もちろん、残ろうと思えば残れた。ベンフォルドがあまりにもうまくいったので、最高の評価を得たし、道はひらけていた。やがては海軍のトップになることもできたかもしれない。

問題は、海軍の仕事場が海に限られているということにあった。海軍に入ってから一八年間、しかもまる三年はペルシャ湾周辺で過ごした。私は海軍兵学校の同期生の誰よりも長く海に出ていた。海軍に残ってトップを目指すには、まだまだ海に出なければならない。

海上勤務はやりがいのある仕事だ。しかし、もっと広い世界で、自分の体験を活かせないだろうか。私は海軍を愛し、自分の下で働いてくれた者たちや同僚たちを愛してはいたが、結局、新たな道へと進むべきときだと判断した。自分の体験を一般の企業の人々に伝え、すぐれたリーダーを育てたいと考えたのだ。

艦長交替の前日、後任艦長が私に「あなたの後任だという重責に、怖じ気づいている」と言った。彼は、「ベンフォルドをふたたびダメにした指揮官」という烙印を押されたくない、どうしたらいいか、と私に尋ねた。

彼はどうすべきだろうか?

どこから始めるべきだろうか?

私はベンフォルドの戦略、つまり、この優秀な部下たちのことと艦を指揮するための手法を手短に説明した。

彼はそれをすべてのみ込むのに少し時間がかかったが、それでも最後にはわかってくれた。

私が去って一週間後、彼はその艦がどれほどすばらしい艦かということを、身をもって知ることになる。

そのとき、ベンフォルドは、演習に参加していた。それは、海上ではなくすべて陸上で行なうコンピュータ・シミュレーションだった。空母を中心に展開し、防空を担当する二隻の巡洋艦と、ベンフォルドを含む、数隻の駆逐艦とともに敵の潜水艦を追うというものだ。

コンピュータをもちいることで、海まで船を出すよりもはるかに低いコストで質の高い訓練が行なえることを示そうとするのは、海軍では初めてのことだった。そのため、国防総省の高官たちがこの演習を熱心に見守っていた。

もし演習がうまくいけば、このシミュレーションによって将来的に数百万ドルも節約できるのだ。そこで、その実験を信頼できるものにするために、演習ではほとんどの実戦において乗組員たちが遭遇するものよりも、さらに過酷な状況が設定された。

ベンフォルドと巡洋艦は、基本的には同じ装備だったが、巡洋艦はヘリコプターを搭載していることに加え、防空を担当する専門チームが別にいた。そのため一隻あたり四四〇人の乗組員を抱えていたのに対し、ベンフォルドの乗組員は三一〇人だった。

このように巡洋艦の乗組員は、特別な責任を負っているためにベンフォルドの乗組員よりも格上とみなされていて、また実際、防空作戦においてずっと多くの経験を積んでいるはずだった。

しかし、いざシミュレーションが始まると、二隻の巡洋艦は戦う態勢があきれるくらいできていないことが明らかになり、相次いで演習から脱落せざるを得なくなった。

大失敗の様相を呈してくると、捨て鉢になった司令官は、ベンフォルドにあとを引き継ぐように命じた。

そこでベンフォルドは、完璧に役割をこなし、大成功を収めた。私の後任の艦長は唖然としていたらしい。部下が自分たちだけでその任務をやり遂げ、彼は何も口を出すすきがなかった。ただ口をあんぐりと開けて、見つめていただけだった。

ベンフォルドは、予想すらされていなかった能力を示したが、それはかつてのわが部下たちの大勝利で、彼らの評判は確実なものになった。

私が去って六カ月後、ベンフォルドは戦闘力査定において太平洋艦隊始まって以来最高の評価を得たのである。

リーダーが目指すべき最高の評価

結果的に、私の後任はすぐれた艦長になった。きわめて高い評価を受け、彼はやがて大西洋艦隊の幹部に選ばれ、任期が終わるのを待たずにベンフォルドから引き抜かれた。

私自身は彼より低い勲章しか受けていなかったので、その知らせを聞いたとき、最初は嫉妬したのも事実だ。

しかし、しだいに「彼がいい結果を出せてよかった」と思うようになった。彼は自信のなかった自分を変えることができ、すぐれた指導者になれたのだと。

また、海軍がそうした彼の功績を認めたこともよかった。願わくは、彼がこのまま昇進してほしいと思ったし、さらに、私のかつての部下たちが彼の出世を支える力となったこともうれしかった。

私が去ったあとも、ベンフォルドはさらに全速力で向上し続けた。私は臆することなく、その一部は自分の功績だと言いたい。私は**指導者の評価は、本人が組織を離れてから半年か一年経つまではくだすべきではない**と思う。

自分が任期中にどれだけのことを行なったかということを正確に判断できるのは、自分が後任に何を手渡したかによる。後任が失敗するのを望んではならない。もっとレベルの高い次元で考えなければならない。

後任が成功したのは、私が土地を耕しておいたからだと自信をもって言いたい。人はみな自分がいかにうまくやったかということにこだわるが、指導者の最大の満足感は、個人の業績を超えたところにある。それは他の人間の能力を引き出すことである。ベンフォルドでの任期中、間違いなく私はその衝動に突き動かされていた。

私は、他の艦の指揮官との関係はどうだったのかと聞かれることがある。これに関しては、正直に言えば、もっとうまくやるべきだったと思う。艦隊の一〇隻のうちの一隻がひときわうまくやっていたとしたら、残りの九隻がそれを好ましくは感じないことは容易に想像できる。それなのに、私はそうした感情をあまり考慮できなかった。九隻の指揮官たちには不快な思いもさせたと思う。彼らの乗組員たちは、ベンフォルドはできているのに、なぜ自分たちはできないのかと不平をもらしていたことだろう。

あとから考えてみれば、私は他の艦の同僚に対してもっと協力的になれたはずだった。たとえば、自分たちのやり方を事前に教えて巻き込んでいれば、あとから上に言われてベンフォルドにならうように命じられるのではなく、自発的に加わることができただろう。

読者のみなさんがベンフォルドのたどった道を、自分の組織内で進もうとする場合、気をつけてもらいたい。**新しく革新的なことを行なうことによって、嫉妬や敵意が生じるかもしれない。そのことに敏感でいるようにしてほしい。**

その一方で、**同僚の感情を害したくないというだけで、下手な手加減をしてはならない。**グループ全体をすぐれたものにするためなら、気を悪くする同僚がいても仕方がないのである。

優秀な人間がいるという事実に動揺したり、ねたんだりする者は、少なからず必ずいるのだという事実を受け入れてしまうことだ。それはこの世においてこれまでもずっとあったことだし、これからも必ずあることだと。

さて、本書で紹介してきた私のリーダーシップの手法は、もともとは必要に迫られて試したことだったが、それらは決して特別なものではない。**どんな分野でも成功している企業というのは、リーダーの役割として「管理すること」よりも、「いかに才能を育て、伸ばすか」に重点をおいている。**

ベンフォルドでの私の体験は、一般社会のどのような組織であっても、すぐに明日から試すことができると確信している。

いつどんなときでも、リーダーにはすばらしい仕事の「きっかけ」をつくることが求められているのだ。ここには、独りよがりな人間の出る幕はない。

どんな問題を抱えていても、どんな企業でも、私がベンフォルドで成し遂げたように、すべての人が一致団結して目標に立ち向かうことができると確信している。

最後にもう一度言っておこう。われわれは一人ひとりが「艦長」なのだ。

訳者解説

今、日本のビジネスパーソンに最も必要な「自分の頭で考える力」を鍛える！

吉越浩一郎

今、日本の職場がおかしい。

必要な人員の補充がされず、山ほどの仕事を抱え込み、毎日遅くまで残業してもこなしきれない。

上司も自分の仕事に手一杯で、人材を育てる余裕がない。

社内のコミュニケーションも不足し、それが仕事に影響するだけでなく、人間関係のストレスにつながる……。

こんな環境では、十分に能力が発揮できないことは明白だろう。頭脳的にも、精神的にも、肉体的にも「仕事に打ち込める環境」が整っていないのである。

この本は、その環境をつくるために最も重要なことが書かれた教科書である。しかも、すべて臨場感あふれる事例で描かれているので、思わず引き込まれてしまう。

本書の舞台は、一般企業ではなく一隻の軍艦だ。

しかし、そこに働く人間たちの意識や行動、反発心とやる気、成果を手にする喜びや働きがい、もっと言えば「生きがい」の創造に至る道のりは、どんな仕事にも共通する。それればかりか、「こんなふうに仕事をしてみたい」という思い、感動なしには読めない物語である。

日々忙しさに追われるビジネスパーソンたちにとって、その即効性は間違いないだろう。では、具体的にどんな点をまず取り入れたらいいか、三つのポイントをあげていこう。

ポイント1 「オープン」で「フェア」な環境づくり

第一のポイントは、**働く環境を「オープン」で「フェア」にする**ということだ。仕事を進めていく上で必要な情報がオープンになっていることは非常に重要だ。そのことで各自がベストの判断をくだせるというメリットはもちろん、「自分のやっていることはこの点で会社にも仲間たちにも役に立つ」という実感をもって仕事に取り組める精神面へのプラス作用も大きい。

たとえば、「訳者のことば」でも取り上げたが、本書ではトップ自らが現場に降りていって、部下たちと直接意見を戦わせている。会社にとってベストなことは何かを見つけようとするとき、上下関係は必要ない。

仕事は「ボトムアップ」がいいか「トップダウン」がいいかとよく議論されるが、これは間違いだ。

「ボトムアップ」の場合でも、トップがボトム（現場）に取りにいかなければ、正しい情報はアップされてこない。

そして、自ら入手した情報を分析、検討し「トップダウン」するというプロセスであれば、部下にしてみても経過がオープンであるがゆえに納得して仕事に取り組める。チームの士気が上がり、かかわる人たちすべての間に強固な信頼関係が生まれるのである。

本書でトップが心がけていたのは、まさにこのプロセスだ。艦長室ではなく甲板で話をして、生の情報を取り入れていた姿は見習うべきである。

仕事の評価の基準もまたオープンでなければならない。

艦長は部下がいいアイデアを提案したとき、ただちに艦内放送で全員が聞こえるように発表した。提案した本人にしてみれば、これほどうれしいことはないだろう。もっと頑張ろうという意欲を燃やすだけでなく、この上司についていけば間違いないという信頼関係が生まれる。

また提案者本人だけでなく、周囲に与える好影響も大きい。**「いい仕事をすれば誰**

でも認めてもらえる」「上司はフェアに物事を見ている」という事実を知ることでモチベーションが上がり、「どういう仕事ぶりが求められているのか」という基準も明白になる。

オープンでフェアな環境では、本音で意見をぶつけ合える。働く人全員が手応えを感じながら仕事に取り組み、能力を高めていけるのである。

❑ポイント2 ダイナミックな仕事に必要な「4つの力」

第二のポイントは、働く者一人ひとりが「自分で考えて仕事をしていく力」を身につけること、そのための上司の責務は何か、ということである。

上司が細かい指示を出していては、部下の考える力は育たない。

上司は「いつまでたっても部下が育たない」と嘆き、部下は「上司の言いなりばかりでつまらない」と不満を持つことになる。この不幸な構図に陥らないためには、どうしたらいいのだろう。

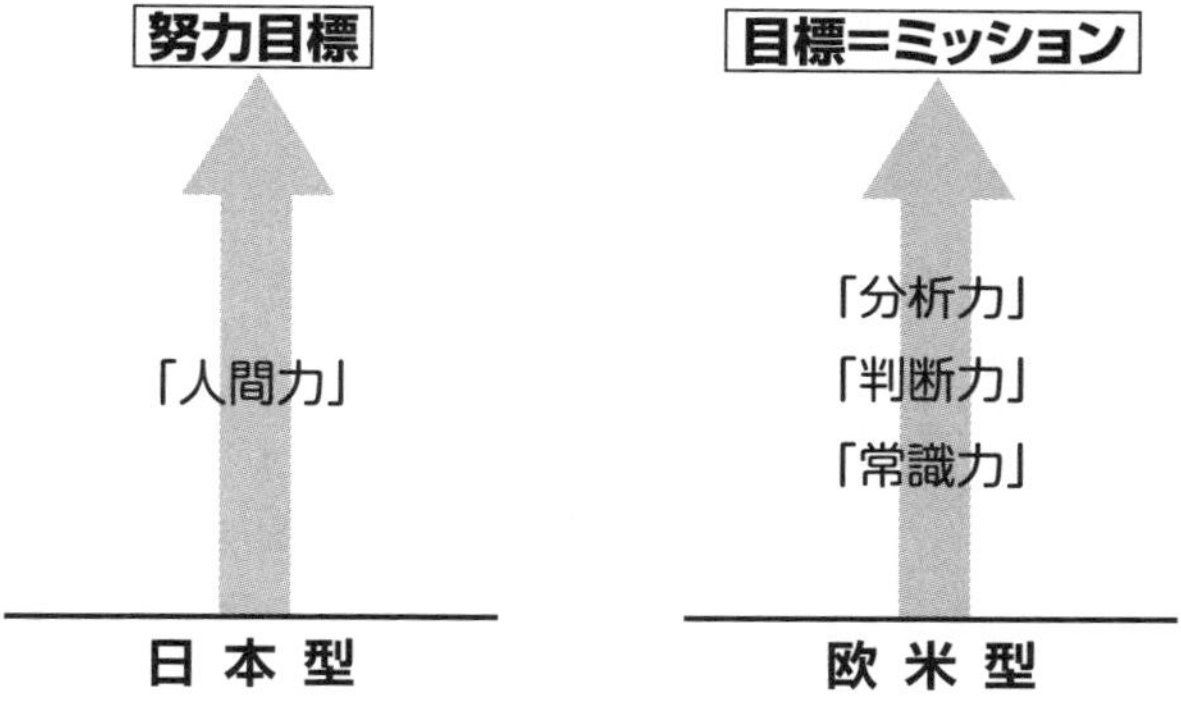

〔欧米型が「自分で考えて動ける人」をつくる〕

私が欧米で仕事をしていて、日本との決定的な違いを実感したことがある。

欧米ではまず「果たすべき目標＝ミッション」が上司からはっきりと示される。そこにたどり着くためにどうしたらいいかは部下に託されることが多い。そのため部下一人ひとりの仕事に対する**「分析力」「判断力」「常識力」**がつねに試される。

それに対し日本ではたとえ同じミッションが示されても、そのあとで「人間力」が重視される。「どれだけ真剣に仕事に取り組んでいるか」「どれだけ協調性があるか」などという基準である。

たしかに「人間力」も必要だが、**仕事というものはまず「柱」をロジックで組み立**

て、その隙間にいわゆる〝GNN〞、つまり「義理・人情・浪花節」を流し込んでこそうまくいく。

「人間力」ばかりが先に立つと、上司の指示に従って行動できる人間がより評価されることにもなりかねず、自分で考えて行動できる優秀な人材は育たない。

私はかつて、前例にこだわって適切な判断ができなかった部下と、こんなやりとりを交わしたことがある。

「なぜ、きみはそういうことをやったのか」

「昔、この方法でやれと言われたことがあったからです」

「じゃあ、私が『そうやれ』と言ったら、やるのか。わかった。この部屋は一〇階だが、今日はこの一〇階の窓から帰るように。いいね」

「いえ、それはできません」

「おや？　その行動には自分の判断が入っているではないか。そうやって自分で物事を判断できるのに、なぜ、昔そういうやり方をしたことがあったというだけで、状況が違う今でも昔通りにしたのか。おかしいと思わないのか」

お恥ずかしい話だが実際にあった例だ。これは「判断力」と「常識力」が欠如しているという思考停止の例である。

本書にこんな場面があった。

海上での給油を受けるため、タンカーのすぐ横に艦をつけるという困難な任務に初めて取り組む若い部下。

艦長に逐一指示を仰ごうとする部下を、「今はきみが艦長だ。許可など取らなくていいから、自分でやれ」と艦長は突き放す。

部下は持てる技術と知識をフル活用し、見事に艦をコントロールして仕事を成功させる。

部下に責任を与えて、最後まで仕事をさせることが、最良の訓練になる。もし間違ったら、そのとき指導すればいいのである。

部下に「成長するチャンスを与える」ことは上司の使命だ。

そして、部下は上司に頼らずに自分で考え、仕事に必要な四つの力を磨く努力を惜しんではならない。

□ポイント3　必要なときに全力を出し切るための万全の準備

第三のポイントは、**仕事で全力を出すためには、そのための準備がいる**ということである。仕事をしていないときの過ごし方が、仕事の出来を決めると言っても過言ではない。

仕事をする上でベースになるのは、まず**「体力」**。次に**「やる気・気力・意欲」**がきて、その基盤の上に**「能力」**、という三角形が成り立っている。

それぞれの力は仕事をすることで消耗するので、仕事以外の時間を使ってしっかりとケアをする必要がある。

その意味で、仕事と私生活のバランスを適切に保とうとする**「ワークライフバランス」**という考え方が最近注目されているのは、歓迎すべきことだ。

しかし、仕事に対する私生活とは何かという根本的な部分で、誤解があるように思

▶仕事以外の時間の使い方　▶仕事に必要な力

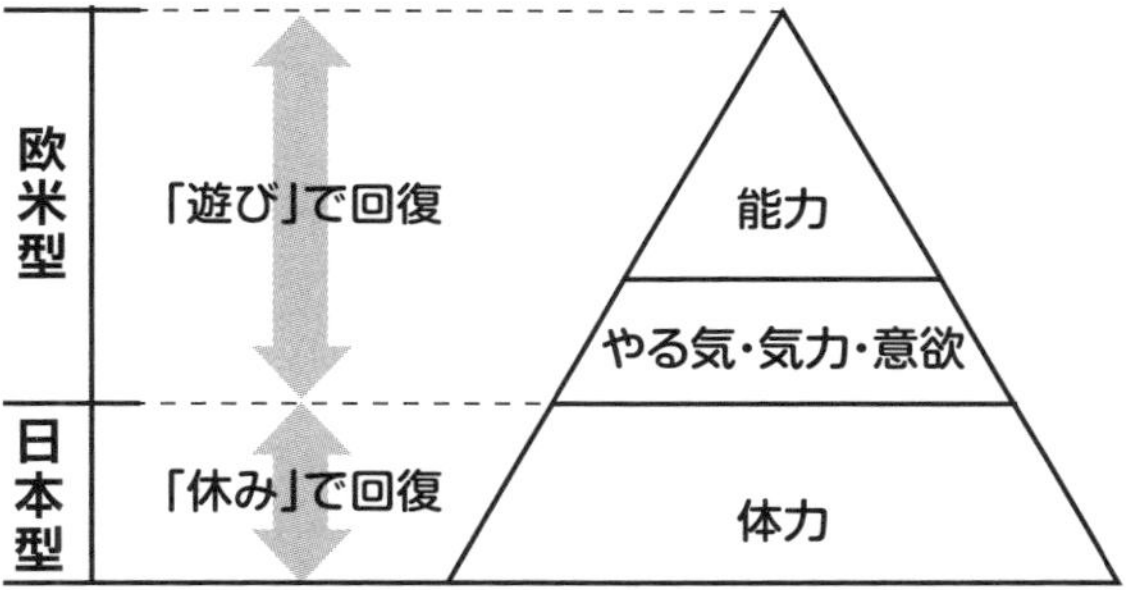

〔「仕事に必要な力」をどうリカバリーするか〕

われる。

日本人に「『仕事』の対極は何ですか?」と聞くと、多く返ってくるのは「休み」という答えだ。「では、休みとは何をリカバリーするためのものか」と聞けば、「体力」ということになる。

仕事で体力を使い切ることこそ美徳という旧態依然の思い込みがあり、仕事以外の時間は休養にあてればいい、という思考回路なのである。

欧米人に同じ質問をしてみると、「遊び」という答えが返ってくる。

じつは、遊びには「やる気・気力・意欲」をリフレッシュする効果がある上、広い世界へと視野を広げ「能力」を高める働きもある。日ごろから働きすぎず体力をしっかり残した上で、「遊び」によって仕事に必要なすべての力を回復する。

これが、本来あるべき「ワークライフバランス」の姿なのである。

日曜日の夜、テレビから『サザエさん』のテーマ音楽が聞こえると、「ああ、また月曜日だ、いやだな」と思うのは、体力も気力もなえているからだ。翌朝そのまま仕事場に出てきて、能力を十分に発揮できるわけがない。

本書では、働く全員が私生活も十分に楽しみ、仕事にも存分に打ち込む様子が描かれている。あるときはみなで甲板に集まって、音楽を聴きながら沈む夕日を眺める。あるいは、寄港地で思い思いの時間を過ごす。必ずそういった「遊びの時間」を取れるよう配慮するのも、トップの任務なのである。

定時にはすべての仕事を終わらせて、その後には家族や友人と過ごしたり、思う存分趣味に打ち込んだりする。

そんな生活を欲張りに目指すことが、長い目で見て仕事における成果を上げる近道でもあるのだ。

□「デッドライン」が人を育て、チームを変える！

これまであげてきた三つのポイントを変えていくことで、仕事の効率が格段にアップする。

個人のモチベーションが上がると同時にチーム内に信頼関係もできあがって、驚くべき成果につながるはずだ。

本書はその一つの理想型を私たちに示してくれた。

真の意味で「働きがい」のある職場を実現するための手段として、実際に私が社長時代に実践していたやり方を紹介しよう。それは**「すべての仕事にデッドライン（締切）をつける」**という方法である。

たとえば、会議の場では、〝文殊の知恵を集める〟ための話し合いはしない。

その代わりに各担当者に「結論」だけを持ってきてもらう。その内容を判断し、次の課題をデッドラインつきで与え、また結論だけを出させる、ということを繰り返すのである。

日ごろから現場の状況をトップ自らがボトム・アップして把握していることが大前提になるが、時間も労力も無駄がいっさいない上、「オープン」で「フェア」な進め方でもある。

結論だけ出せばいいわけだから、そこまでのやり方は個々人に任される。もちろんプレッシャーも厳しいが、だからこそ一人ひとりの「分析力」「判断力」「常識力」が鍛えられる。

また、デッドラインがはっきりしていれば、その仕事に取り組む姿勢はいやでも変わらざるをえない。

今日中に終えなくてはいけない仕事が一〇個あるとわかっていれば、それぞれにかける時間を割り振って、自分でデッドラインを引いていくしかない。

Aは一〇時まで、Bは一一時三〇分までというように。これによって仕事の効率は画期的に上がる。

この艦長には「二年の任期」というデッドラインがあった。

その任期の中、着任後わずか半年あまりで「最優秀艦のスタッフである」という誇りを全員に与えるミッションを成し遂げた。

そしてその誇りは、数々の記録達成という目に見える結果を生んだのである。

それは、就任当時には絶対不可能と言われたほどの大成果だった。私たちにもできないはずはない。

なお、本書の翻訳には南保和宏氏の協力を得た。ここに深く御礼を申し上げる。

本書は、小社より刊行した単行本『即戦力の人心術』を、
文庫収録にあたり改題したものです。

マイケル・アブラショフ（Michael Abrashoff）
元アメリカ海軍大佐。機能不全に陥っていた軍艦ベンフォルドの艦長として、同艦を〝海軍No.1〟と呼ばれるまでに大変革。海軍中にその名をとどろかせた。現在は、その方法論を一般企業で活用するコンサルティング会社を経営している。

吉越浩一郎（よしこし・こういちろう）
一九四七年生まれ。ドイツ・ハイデルベルグ大学留学後、七二年に上智大学外国語学部ドイツ語学科卒業。香港での合計六年のドイツ企業勤務を経て、九二年にトリンプ・インターナショナル・ジャパンの代表取締役社長に就任。早朝会議でのデッドラインによる即断即決経営を武器に、同社を一九年連続増収・増益に導く。二〇〇六年に退任し、現在は吉越事務所代表として講演・執筆等で活躍。著書に『仕事ができる社員、できない社員』（三笠書房）などベストセラー多数。

知的生きかた文庫

アメリカ海軍《かいぐん》に学《まな》ぶ
「最強《さいきょう》のチーム」のつくり方《かた》

著者　マイケル・アブラショフ
訳・解説者　吉越浩一郎《よしこしこういちろう》
発行者　押鐘太陽
発行所　株式会社三笠書房
〒一〇二-〇〇七二　東京都千代田区飯田橋三-三-一
電話〇三-五二二六-五七三四〈営業部〉
　　〇三-五二二六-五七三一〈編集部〉
http://www.mikasashobo.co.jp
印刷　誠宏印刷
製本　若林製本工場

ISBN978-4-8379-8341-5 C0130

知的生きかた文庫

1万人の脳を見てわかった！「成功脳」と「ざんねん脳」

加藤俊徳

仕事も人生も、すべては「脳の使いかた」ひとつ。日常の〝小さな刺激〟で8つの脳番地が目覚める！ 脳科学者が20歳のときに知っておきたかった〝脳の秘密〟とは――

驚くほど眠りの質がよくなる睡眠メソッド100

三橋美穂

1万人の眠りを変えた快眠セラピストによる快眠法。寝苦しい夜のエアコン設定、熟睡に効くストレッチ、睡眠負債のリセット法……睡眠が変われば人生が変わる！

心配事の9割は起こらない

枡野俊明

余計な悩みを抱えないように、他人の価値観に振り回されないように、無駄なものをそぎ落として、限りなくシンプルに生きる――禅が教えてくれる、48のこと

傾聴のコツ

金田諦應

「なぜ、この人と話すと心がラクになるのか？」――〝聴き方〟を変えると、すべての人間関係がよくなる。人から求められる人の「傾聴する力」を磨くヒント。

マッキンゼーのエリートが大切にしている39の仕事の習慣

大嶋祥誉

「問題解決」「伝え方」「段取り」「感情コントロール」……世界最強のコンサルティングファームで実践されている、働き方の基本を厳選紹介！ テレワークにも対応!!

C50419